Mon impératrice

Vingt-trois ans de vie intime avec l'impératrice de toutes les Russies depuis son mariage jusqu'au jour de son exil

Marfa Mouchanow

Writat

Cette édition parue en 2024

ISBN : 9789359943008

Publié par
Writat
email : info@writat.com

Contenu

CHAPITRE I

MON RENDEZ-VOUS

C'EST l'usage, ou plutôt c'était l'usage, à la cour de Russie, de ne permettre à aucune princesse se mariant dans la famille impériale d'amener avec ses servantes de son propre pays. Je crois que cette coutume était également observée dans les cours étrangères, du moins autrefois. Par conséquent, quand on a appris que l'héritier du trône de Russie s'appelait Nicolas II. C'était encore le cas lorsqu'il devint le fiancé de la charmante princesse Alix de Hesse et qu'il était sur le point d'amener une épouse dans la maison de ses parents. la future impératrice de toutes les Russies.

Bien entendu, le choix des servantes destinées à la servir dépendait dans une certaine mesure de la volonté de l'impératrice régnante, et celle-ci estima qu'il ne convenait pas d'entourer sa belle-fille de femmes incapables de parler autre chose. langue que le russe. Une liste de dames qui étaient censées être éligibles pour le poste lui fut soumise et, à mon insu, mon nom y fut inscrit.

Les fonctions de première servante d'une tsarine étaient loin d'être purement honorifiques. Bien entendu, elle n'était pas censée effectuer de travaux subalternes, mais, d'autre part, elle devait se montrer très discrète, éviter les commérages de toute sorte, ne pas avoir d'amis intimes ou de parents à qui elle pourrait être tentée de se confier, et, de plus, une responsabilité considérable reposait sur ses épaules, puisqu'elle avait sous sa garde non seulement les bijoux personnels de sa maîtresse impériale, mais aussi ceux appartenant à la Couronne (lorsqu'ils étaient utilisés), le contrôle de tout ce qui y était lié. avec la toilette et la parure personnelle de la princesse au service de laquelle elle se tenait, le paiement de ses factures privées, etc. Elle avait sous ses ordres huit autres servantes, dont les fonctions consistaient à pourvoir aux besoins de la princesse, mais celles-ci ne prenaient aucune initiative et dépendaient entièrement d'elle, devant lui obéir et écouter toutes ses instructions. Il fallait avoir un certain grade ou Tschin, comme on l'appelle en russe, pour pouvoir obtenir une telle nomination, et probablement le fait que mon mari, décédé peu de temps avant le mariage de Nicolas II. et Alexandra Feodorovna, avait été colonel, n'est pas étrangère au fait que mon nom figurait sur la liste des femmes considérées comme éligibles au poste que je devais obtenir.

Comme on le sait, l'arrivée de la princesse Alix en Russie fut précipitée à cause de la maladie du tsar Alexandre III, qui se savait mourant et qui désirait voir sa future belle-fille avant de rendre son souffle. dernier. La grande-duchesse Elisabeth de Russie, épouse du grand-duc Serge, qui était la sœur aînée de la princesse, alla à sa rencontre à Varsovie et l'amena à Livadia, en

Crimée, où elle arriva environ trois jours avant le décès. de l'Empereur. Elle fut accueillie à son arrivée avec tous les honneurs appartenant à l'épouse de l'héritier présomptif, mais les circonstances qui accompagnèrent son voyage étaient si tristes, qu'elles ne purent s'empêcher de l'impressionner douloureusement et d'ajouter à la mélancolie naturelle de son caractère, qui était déjà à cette époque suffisamment prononcée pour inquiéter les gens qui l'entouraient.

La dépouille mortelle d'Alexandre III. furent ramenées en grande pompe à Saint-Pétersbourg, où au lieu de faire l'entrée solennelle que font généralement les épouses impériales russes dans la capitale, dans des carrosses d'or entourés de cérémonies élaborées, la princesse Alix arriva dans une voiture de deuil, étouffée dans les plis de son voile de crêpe. Personne ne la remarqua, et l'intérêt général du public se concentra sur l'impératrice douairière, dont le chagrin était pitoyable à voir. La jeune fille qui allait prendre la place de ce dernier sur le trône de Russie se sentait bien seule et perdue dans son nouvel environnement, et personne ne semblait se soucier d'elle, ni se soucier de ce qui allait lui arriver. A cette époque, beaucoup pensaient que son mariage serait reporté après le deuil d'Alexandre III. était terminée, et il espérait que quelque chose pourrait encore se produire pour empêcher qu'elle ait jamais lieu. L'alliance n'était pas populaire et ni la société de la cour ni la nation n'étaient satisfaites de l'idée qu'une princesse allemande vienne partager le trône de leur nouveau souverain. On savait déjà qu'il manquait absolument de caractère , et beaucoup de gens craignaient que, par l'influence que sa femme pourrait acquérir sur son esprit, le grand-duc Serge, qui était marié, comme je l'ai déjà raconté, à la sœur de la princesse Alix, deviendra souveraine à la cour de Russie. Et le Grand-Duc était le personnage le plus détesté et le plus impopulaire de tout le pays.

Mais l'intervention de la famille en décida autrement et, en partie grâce aux efforts du prince et de la princesse de Galles, arrivés à Saint-Pétersbourg pour être aux côtés de l'impératrice Marie dans son heure de chagrin, il fut décidé de célébrer les noces de le nouveau tsar le plus rapidement possible ; c'est pourquoi le 26 novembre 1894, anniversaire de la veuve d'Alexandre III, fut choisi pour cela.

Pendant tout ce temps, je n'avais pas vu ma nouvelle maîtresse. Elle était censée être trop occupée pour avoir le loisir de faire connaissance avec sa future maison, et ce n'est que trois jours environ avant celle choisie pour le mariage que je lui fus enfin présenté dans le palais du grand-duc Serge, où elle résidait depuis son arrivée à Saint-Pétersbourg.

Ma première impression fut celle d'une jeune fille grande et légère, aux traits longs et droits, au profil classique et à la belle silhouette, qui ne laissait aucune trace de la tendance à l'embonpoint qui devait la gâter plus tard. Elle avait des cheveux blonds qui brillaient comme de l'or au soleil, tandis que parfois ils paraissaient assez foncés, selon la lumière qui jouait sur eux. La bouche était l'élément le plus défectueux d'un visage par ailleurs presque parfaitement beau. Il avait une expression déterminée, qui même alors pouvait être désagréable, et le menton était décidément lourd. Mais l'impression générale qu'elle produisait était celle d'une femme superbe. Le profond deuil qu'elle portait lui convenait et rehaussait la blancheur naturelle de son beau teint, et je me souviens avoir pensé que je n'avais jamais vu encore personne de plus belle que cette fille qui allait devenir mon impératrice.

Elle me parlait très peu, et ce qu'elle disait était prononcé d'une voix basse et contrainte. Elle semblait avoir une crainte nerveuse à l'idée d'être obligée d'avoir des étrangers autour d'elle, et elle me demanda de m'informer auprès de la servante dont elle allait se séparer de ses coutumes et de ses habitudes, afin de pouvoir diriger les femmes qui lui seraient destinées. devaient s'occuper d'elle à l'avenir. Mais lorsque je lui ai demandé de me permettre de commencer mes fonctions immédiatement, elle s'y est opposée, affirmant que ce serait le jour de son mariage.

Cela s'est avéré gênant à bien des égards, car il était très difficile de s'occuper des nombreux détails liés à une toilette compliquée, comme c'est toujours le cas d'une toilette nuptiale, sans parler d'une toilette impériale, et de prendre des décisions pour un parfait inconnu. Selon l'étiquette, la Grande-Duchesse (la princesse Alix avait reçu ce titre le jour de son entrée dans l'Église grecque) devait s'habiller au Palais d'Hiver, où non seulement ses huit servantes, mais aussi toutes les dames d'honneur de l'Impératrice douairière. , ceux de sa future maison et les bijoux qu'elle devait porter l'attendaient. Dans une pièce réservée à cet effet par l'étiquette, on avait apporté le service de toilette en or de l'impératrice Anne, qu'on sort toujours pour de telles occasions et pour telles seulement, et on l'avait étalé sur une table devant laquelle la princesse était priée de s'asseoir. . La couronne de diamant utilisée pour les mariages impériaux était ensuite apportée à l'impératrice douairière qui, selon les règles de la cérémonie, devait la mettre sur la tête de la mariée. Mais un incident imprévu s'est produit. Le coiffeur, qui devait ajuster la couronne et le voile de la mariée, était introuvable ; personne ne savait où il se trouvait et personne ne pouvait prendre sa place. On découvrit enfin qu'un policier trop zélé, estimant son billet d'entrée invalide, avait refusé de le laisser entrer au Palais d'Hiver. Une heure entière s'écoula avant que l'on s'en aperçoive, et le mariage fut retardé d'autant, au grand étonnement des milliers de personnes rassemblées pour en être témoins, dans les différentes pièces et salles de la résidence impériale.

Pendant cette heure fatigante, la princesse restait immobile devant son miroir, ne disant presque pas un mot, mais avec des larmes aux yeux qu'elle essayait cependant courageusement de cacher. Les gens bourdonnaient autour d'elle, essayant d'attirer son attention, mais elle ne semblait pas y prêter attention et se contentait d'attendre, d'attendre, avec cette patience qui, comme je l'ai découvert plus tard, était un trait distinctif de son caractère. Enfin le coiffeur fut amené, chaud et excité, et il attacha rapidement le diadème de diamants sur la tête de la jeune mariée, que nous allâmes revêtir du long manteau de drap d'or, doublé d'hermine, qu'elle devait porter. sur sa robe blanche. Lorsqu'elle fut prête et se tenait devant nous, avant le départ de la procession pour la chapelle, nous poussâmes tous une exclamation. Aucun d'entre nous n'avait jamais contemplé quelque chose de plus beau qu'elle ne paraissait à nos yeux, et en effet je n'ai jamais, dans les années qui ont suivi, vu Alexandra Feodorovna aussi splendide que ce matin gris de novembre qui la vit mariée au tsar de tous. les Russes.

CHAPITRE II

Les premiers mois de la vie conjugale de la tsarine

Service cinématographique international

L'EX-TSAR NICOLAS II DE RUSSIE

EN RAISON de la hâte avec laquelle le mariage royal fut célébré, on n'eut pas le temps de préparer à l'avance des appartements convenables pour le tsar et son épouse dans aucun des palais impériaux, ni à Saint-Pétersbourg, ni à Czarskoi Selo. Cette dernière résidence avait dès le début été désignée comme la future demeure du jeune couple, étant la préférée du nouveau souverain. Mais le palais Alexandre, le seul plus ou moins adapté aux exigences de la vie moderne, n'avait plus été habité depuis la mort de l'impératrice Marie Alexandrovna, épouse d'Alexandre II, et nécessitait d'être entièrement remanié. Le Palais d'Hiver avait lui aussi besoin d'être rénové et était d'autant plus inadapté que la jeune impératrice avait exprimé le désir de voir les appartements qu'elle occuperait nouvellement meublés, selon ses propres goûts et idées. Il résulte de cet état de choses que les nouveaux mariés passèrent les premiers mois de leur vie conjugale au palais Anitschkoff, résidence de l'impératrice douairière, dans les petites pièces qui avaient été occupées par Nicolas II. en tant que célibataire, des chambres tout sauf confortables, et où il n'y avait même pas assez de place pour la garde-robe de la mariée, qui, d'ailleurs, se trouvait sans salon à elle et devait emprunter celui de sa mère. belle-famille chaque fois qu'elle souhaitait recevoir quelqu'un.

Bien sûr, cela ne lui a pas été agréable, et j'ajouterai que cela l'a mise d'emblée dans une fausse position qu'elle a ressentie avec acuité. Elle était traitée comme une enfant et elle n'aurait pas été humaine si elle avait été satisfaite de la situation. Pendant les premières semaines de son mariage, alors que toute la cour était encore profondément en deuil du défunt tsar, cela n'avait peut-être pas autant d'importance que cela l'aurait fait plus tard, ou dans d'autres circonstances, mais c'était néanmoins désagréable. L'impératrice douairière était, à sa manière, un personnage aussi autoritaire que sa belle-fille, c'est pourquoi les deux dames se trouvèrent bientôt en forte opposition et, même si elles ne l'admettaient pas, se lassèrent profondément l'une de l'autre. . Six semaines après le mariage, Alexandra Feodorovna persuada son mari d'aller passer une semaine à Czarskoi Selo, et lorsqu'elle revint à Saint-Pétersbourg, je constatai qu'un changement considérable s'était produit dans ses manières et son attitude, une grande partie de son ancienne méfiance et de sa timidité ayant disparu. disparu. Elle commença à décider elle-même de certaines choses qu'elle n'aurait pas songé à faire auparavant sans avoir consulté sa belle-mère et elle organisa son existence personnelle selon son propre cœur. Les premiers changements qu'elle apporta concernèrent la fréquentation de ses femmes de chambre, et elle m'appela un matin auprès d'elle pour en discuter longuement, refusant d'écouter certaines observations que je croyais de mon devoir de lui faire. A mon avis, il aurait été préférable d'attendre que nous ayons quitté le palais Anitschkoff pour modifier les règles qui présidaient à l'attirail du dressing et de la garde-robe de la jeune impératrice, mais mes observations n'ont pas été bien accueillies et j'ai été on me dit très péremptoirement d'obéir aux instructions qui me seraient données, ce que je fis bien sûr, mais non sans appréhension quant à l'opportunité des changements introduits dans la routine de l'existence de ma maîtresse impériale.

Entre autres choses, il y avait l'élimination des robes abandonnées de la jeune impératrice. Ceux-ci étaient légion, car elle avait reçu un trousseau d'une abondance inhabituelle. Mais c'étaient toutes, ou presque, des robes de deuil ou de demi-deuil, et Alexandra semblait pressée de s'en débarrasser. Elle avait ses propres idées en matière de toilettes, et dessinait généralement elle-même les vêtements qu'elle commandait. Elle n'avait pas bon goût, il faut l'avouer, mais elle tenait aux robes et aimait à voir les siennes renouvelées le plus souvent possible. Parfois, elle avait trois ou quatre vêtements disposés et exposés devant ses yeux avant de finalement faire un choix. Elle avait l'idée qu'en tant que souveraine elle devait s'habiller avec grande magnificence dès les premières heures du matin, et elle dédaignait les simples costumes de tailleur qui, au contraire, étaient tant appréciés par sa belle-mère. Cette dernière avait été la femme la mieux habillée de son empire, mais elle ne s'était jamais souciée de ses vêtements et avait affecté une grande simplicité dans sa tenue de tous les jours, réservant aux occasions d'État les nombreuses créations parisiennes qui lui étaient constamment envoyées. Dans une petite maison comme le palais Anitschkoff, les domestiques savaient bien sûr tout ce qui se passait, et beaucoup de ragots circulaient entre les servantes des deux impératrices, ceux de la jeune se plaignant auprès des servantes de la douairière de l'agitation de leur famille. maîtresse en ce qui concerne sa toilette. Ces ragots dépassèrent la chambre de la gouvernante et contribuèrent à la réputation de caprice qu'Alexandra Feodorovna acquit presque immédiatement après son mariage, réputation qui devait lui adhérer et lui faire tant de mal plus tard dans l'opinion publique.

Maintenant, je suis persuadé que si l'empereur et l'impératrice avaient eu dès les premiers jours de leur vie conjugale une maison qui leur était propre, cela aurait été évité, car il n'y aurait eu aucune possibilité de commérages entre domestiques. Or, une ou deux fois, la douairière fit à sa belle-fille des remarques sur la manière dont elle inquiétait ses servantes en faisant trop de bruit au sujet de ses vêtements, et ces remarques furent, bien entendu, très mal reçues. Et Alexandra Feodorovna était amèrement mécontente d'une allusion faite au fait que lorsqu'elle était à Darmstadt, elle n'aurait pas osé manifester un caractère aussi capricieux. Toutes ces choses n'étaient que des bagatelles, mais elles devaient néanmoins exercer une influence considérable sur l'au-delà de ma maîtresse.

L'Impératrice aimait démesurément les belles fourrures et dépensait des sommes considérables pour en acquérir sans cesse de nouvelles et les plus coûteuses. On lui reprocha aussi cela, et on lui dit que son trousseau contenait suffisamment de vêtements de fourrure, de sorte qu'il n'était pas nécessaire d'en acheter toujours de nouveaux. On disait qu'elle était extravagante, avec raison peut-être, même s'il n'y avait rien d'extraordinaire dans son amour pour les jolies choses ; certainement les factures qu'elle faisait payer chez Worth, chez Paquin et chez d'autres couturiers réputés, n'étaient pas la moitié de celles que sa belle-mère avait engagées autrefois. Mais cette dernière avait toujours été une favorite, et la société pétersbourgeoise souriait de tout ce qu'elle avait fait ou dit.

Une de mes tâches était de prendre soin des bijoux de l'Impératrice. Elle avait reçu de splendides et coûteux cadeaux de mariage de la part de ses parents en Angleterre et en Russie, et en particulier de l'empereur, qui, entre autres choses, lui avait offert une couronne toute ronde de perles et de diamants qu'il lui avait offerte avec de merveilleux saphirs. avait acheté à Londres lorsqu'il lui avait rendu visite là-bas lors de leurs fiançailles. Elle adorait les porter et, au début, n'avait pas pensé à la possibilité de devoir les mettre de côté pour des parures et des ornements bien plus splendides. Mais très peu de temps après son mariage, se posa la question des joyaux de la couronne, censés être consacrés à l'usage de l'impératrice régnante. Sous le règne d'Alexandre III, l'impératrice Marie les avait eus en sa garde, et par son testament l'empereur lui en avait donné l'usage pour sa vie. Or il semble qu'il n'avait pas le pouvoir d'en disposer, et tout naturellement le Trésor les réclama après la disparition du tsar. Mais sa veuve refusa catégoriquement de les abandonner, et il s'ensuivit des scènes douloureuses, qui prirent de telles proportions qu'Alexandra Feodorovna déclara enfin que, de son côté, elle ne consentirait jamais à porter les ornements litigieux, que sa belle-mère... la loi leur était la bienvenue et pouvait les garder aussi longtemps qu'elle le voulait. Cela ne put cependant se faire, et finalement les bijoux furent rendus au trésor d'où ils étaient parfois pris et me remis, en grande cérémonie, pour l'usage de ma maîtresse dans les occasions d'État. Mais l'Impératrice ne les a jamais aimés et évitait de les porter, préférant ses propres bijoux. Elle déclara que la grande tiare de perles et de diamants qui, depuis Catherine II, ornait la tête de toutes les impératrices russes, était beaucoup trop lourde. Je ne crois pas l'avoir vue porter plus de quatre ou cinq fois le fameux collier évalué à vingt millions de roubles, qui, au contraire, avait été un des ornements favoris de l'impératrice douairière. La dernière fois que ce joyau historique a été vu en public, c'était lors du bal donné par la noblesse de Saint-Pétersbourg à l'occasion du tricentenaire de l'accession de la dynastie des Romanoff au trône des Rurik, en février 1915, c'était aussi la dernière fois que l'impératrice Alexandra apparaissait à une fête religieuse.

Chaque fois qu'elle décidait de revêtir l'un de ces joyaux de la Couronne, je devais envoyer une note annonçant son intention au trésorier en chef chargé de la salle forte où étaient conservés les diamants et les pierres précieuses du tsar. Il fit alors venir une escorte de trois soldats de la garde de service au Palais d'Hiver et, entouré d'eux, m'apporta les objets que je lui avais demandé de me livrer. Je devais leur donner un récépissé, et aussitôt que l'Impératrice les avait enlevés, je dus en aviser ce même trésorier, alors il vint aussitôt avec une autre escorte les récupérer, me rendant en même temps le récépissé. J'avais signé quelques heures auparavant. Les complications associées à cette procédure étaient l'une des raisons pour lesquelles l'Impératrice était réticente à utiliser ces ornements, dont elle ne se souciait pas. Elle préférait de loin enrichir constamment ses coffrets à bijoux privés et devint bientôt propriétaire de l'une des collections de pierres précieuses les plus remarquables d'Europe. Les perles étaient ses préférées, et l'Empereur, qui en était conscient, lui présentait constamment des ajouts à ses divers colliers et autres ornements de perles, et les deux bijoutiers de la cour, Bolin et Fabergé, avaient pour ordre permanent d'apporter à Czarskoi Selo tous les beaux spécimens qu'ils pouvaient se procurer, avant de les montrer à quelqu'un d'autre parmi leurs clients.

Cette passion de l'impératrice pour l'acquisition constante de nouveaux ornements était également une cause d'amers reproches, et une de ses tantes, la grande-duchesse Marie Pavlovna, qui était tout sauf aimable et charitable, la qualifiait un jour de « *un goût de parvenue* ».

Dans ces premiers jours de sa vie conjugale, surgit une autre cause de friction entre l'Impératrice et sa belle-mère. Cela était lié à la manière de prier à l'église pour les deux dames. La douairière insistait pour que son nom vienne en premier, immédiatement après celui de son fils, le souverain. Mais les ministres, et même le Saint-Synode, s'y opposèrent et déclarèrent que, selon la coutume, la mère devait prendre rang après l'épouse. Finalement, c'est l'avis du Synode qui a prévalu. Mais Alexandra Feodorovna, qui s'était beaucoup intéressée à la question, n'avait pas la sagesse de cacher sa joie devant la tournure prise par les choses, ce qui contribua bien sûr aux relations tendues qui s'établirent bientôt entre elle et la veuve d'Alexandre III.

Aucune harmonie ne régnait au palais Anitschkoff pendant les premiers jours de la vie conjugale de ma maîtresse, et il n'est pas étonnant que celle-ci devienne de plus en plus aigrie à mesure que le temps passait. Elle se sentait négligée et ne faisait rien pour plaire à ceux qu'elle soupçonnait de la mépriser volontairement. Elle avait un désir morbide de plaire, combiné avec une hauteur naturelle, qui la rendait non seulement sensible à une rebuffade, mais encore désireuse de la venger. Elle ne se souciait pas d'être écartée par ses proches, et pourtant elle contribuait elle-même à la cause de leurs actes, par son éloignement de tous ceux qui auraient pu lui être utiles. Elle ne comprenait pas la société pétersbourgeoise ; elle considérait cela comme immoral et rapide, et elle ne le cachait pas, snobant inutilement les personnes assez fortes pour lui faire un préjudice grave par leurs jugements et leurs appréciations sur sa conduite et sa personnalité. Les malentendus qui provoquèrent sa future impopularité commencèrent dès les premières heures de son arrivée en Russie.

Avec ses serviteurs, cependant, elle était toujours gentille et aimable, bien que distante dans ses manières. Ce n'est qu'après de nombreuses années qu'elle a commencé à avoir confiance en moi, mais alors c'était une confiance totale, et parfois elle se laissait aller en ma présence à des accès de découragement tels qu'elle la prenait de temps à autre. au cours de laquelle je suis parfaitement convaincu qu'elle n'était pas entièrement responsable de ses actes. Son esprit, toujours enclin à la mélancolie, lui faisait voir les choses par leur côté le plus noir, ce qui explique en partie la tendance au mysticisme qu'elle développera plus tard et qui contribua, plus que toute autre chose, à la catastrophe qui allait se produire. envoyez-la en exil dans les solitudes de la Sibérie. Elle n'a jamais été bien équilibrée et, lorsqu'on la juge, il ne faut pas oublier que la folie était héréditaire dans la maison de Hesse, un fait dont beaucoup de gens en Russie étaient conscients, mais dont il semble que la famille impériale ait été laissée dans l'ignorance. . Sensible jusqu'à un certain point, elle ne pouvait se débarrasser des préjugés qu'elle était encline à adopter sans autre raison que le caprice, et les préjugés sont au nombre des choses que les souverains ne devraient jamais avoir à l'égard de ceux qu'ils peuvent rencontrer ou avec ceux qu'ils rencontrent. dont ils sont entourés. Mais avec tout cela, elle était douce et gentille, bonne et consciencieuse ; une mère parfaite, une épouse très dévouée, une amie fidèle, incapable de méchanceté ou de trahison, mais destinée par ses qualités mêmes à être toujours incomprise et jamais appréciée comme elle aurait dû l'être. Au milieu du faste et de la splendeur qui l'entouraient, elle était seule ; elle se sentait isolée et, bien qu'elle ait trouvé à son arrivée dans son nouveau pays une foule de parents et de courtisans, elle n'avait pas rencontré un seul ami désintéressé en qui elle pouvait avoir confiance, ou vers qui se tourner pour obtenir conseil et protection. La grandeur de sa position la mettait pour ainsi dire hors du monde, et, malheureusement, elle était si accablée par cette grandeur qu'elle n'essaya même pas de briser les barrières qu'elle avait érigées autour d'elle et qui la séparaient du monde. le reste de l'humanité.

CHAPITRE III

NAISSANCE DE LA GRANDE-DUCESSE OLGA

L' hiver inconfortable qui suivit le mariage du tsar se termina enfin sans que sa jeune épouse ait été beaucoup vue en public. Les dames éminentes de la société pétersbourgeoise lui furent présentées lors d'une grande réception qu'elle tint au Palais d'Hiver, mais cette présentation consistait simplement en leur passage devant elle avec une révérence, tandis que sa maîtresse des robes, la princesse Galitzyne, lui murmurait : leurs noms dans son oreille. Elle ne parlait à personne, et bien sûr personne ne lui parlait, et vu l'influence que cet accueil avait sur ses relations avec cette société qu'elle devait présider, il aurait tout aussi bien pu n'avoir jamais eu lieu. Il y avait, il est vrai, quelques vieilles dames dont les maris avaient été ou étaient encore dans de hautes charges officielles, qui étaient reçues par l'Impératrice en audience privée, mais ces entrevues étaient généralement de courte durée et consistaient en l'échange de quelques banalités dans la manière de parler. L'Impératrice ne parlait pas bien le français et l'anglais n'était pas à cette époque la langue à la mode de la haute société, comme c'est le cas aujourd'hui. Des gens méchants commentaient les erreurs commises par la jeune souveraine dans son emploi du français et les ridiculisaient. Elle en prit conscience, ce qui la blessa profondément et ajouta à la méfiance naturelle de son caractère. Au début de sa vie conjugale, Alexandra Feodorovna luttait encore pour la popularité, mais de manière maladroite et erronée. Elle avait peur d'être qualifiée de pro-allemande et exagérait en conséquence ses manifestations d'amabilité à l'égard de tout le monde et de tout ce qui concernait la France, au point qu'on l'accusait de manque de franchise, pour ne pas employer un mot plus emphatique. . Il en était de même de ses sympathies pour le régime autocratique. Au moment de son mariage, on espérait que son influence sur son mari aboutirait à ce qu'il accorde à la Russie cette constitution que tout le monde réclamait depuis des années. Mais la famille impériale, dès la première heure de son arrivée dans le pays, lui avait répété qu'elle était de son devoir de maintenir les principes de cette autocratie qu'Alexandre III avait créée. avait si bien maintenu pendant tout le temps de son règne. Elle accepta ce mauvais conseil, et, dans la crainte d'être jugée défavorable, elle s'appliqua à persuader le tsar qu'il devait faire quelque déclaration publique de ses intentions de gouverner selon les principes qui avaient inspiré son défunt père. Elle y réussit en partie, mais la tentative ne fut pas heureuse, à cause du fameux discours de Nicolas II. aux zemstvos, où il affirma sa détermination à gouverner de manière despotique et qualifia de rêves insensés les aspirations de son peuple, contribua plus que toute autre chose à faire de lui, avec son épouse, le souverain le plus détesté et le plus impopulaire que la Russie ait jamais connu.

PALAIS D'HIVER, PETROGRAD

Le premier hiver qui vit la princesse Alix transformée en impératrice de toutes les Russies ne fut donc pas précisément ce qu'on peut appeler un hiver heureux. En été, la Cour se rendit comme d'habitude à Peterhof, et les transformations qui avaient alors commencé à être faites au palais de Czarskoi Selo furent accélérées, car les premiers accouchements de la jeune impératrice étaient attendus pour novembre et il avait été décidé que le L'événement familial tant attendu et tant attendu devrait y avoir lieu.

Alexandre Feodorovna dirigea elle-même ces transformations. Sous sa garde l'ancien bâtiment qui avait été la résidence préférée d'Alexandre II. et de son épouse, cette autre princesse de Hesse qui, pourtant, avait été à la fois aimée et respectée par ses sujets, fut complètement transformée. La splendeur en était bannie, mais l'ensemble était meublé et aménagé à la manière d'un cottage anglais, avec des tentures en chintz, beaucoup de fleurs dont l'impératrice aimait démesurément, et beaucoup de bibelots et de photographies qui lui donnaient tout à fait. un look chaleureux. Alexandra avait un goût admirable pour tout ce qui concernait l'aménagement intérieur de ses appartements, et elle transforma l'ancienne résidence des tsars russes en une jolie maison de campagne, comme on en trouve dans la vieille Angleterre ou en France. Mais ses idées concernant les meubles, les rideaux et l'ornementation intérieure générale des pièces destinées à son usage privé différaient tellement des idées russes acceptées sur le sujet qu'elles en vinrent à être discutées, non seulement de mauvaise humeur, mais aussi désagréablement. Elle n'avait consulté personne et n'avait pas caché sa désapprobation de certaines choses qui avaient été faites sans son consentement, en parlant avec une acrimonie qu'elle aurait mieux fait, pour sa paix future, d'éviter.

L'Empereur, cependant, était charmé de tout ce qu'elle avait fait et ravi de la manière dont elle avait aménagé leur nouvelle résidence, dans laquelle ils emménagèrent au début du mois d'octobre 1895. L'Impératrice organisa aussitôt son existence selon des principes auquel elle resta plus ou moins fidèle tout au long de son règne. Elle se levait de bonne heure et ne manquait jamais de déjeuner avec l'Empereur et de l'accompagner dans la promenade qu'il aimait faire chaque matin avant de s'occuper des affaires de la journée. Ils faisaient, par tous les temps, de longues promenades dans le parc qui entourait le palais de Tsarskoï Selo, Alexandra Feodorovna vêtue d'une veste courte en zibeline et d'une jupe en velours, qu'elle changeait pour un vêtement plus élaboré en rentrant chez elle. . Elle n'aimait pas les robes de chambre, et la première fois que je la vis porter, c'était au cours d'une maladie qui attaqua la grande-duchesse Olga, dans sa petite enfance, lorsque sa mère s'asseyait avec elle la nuit et fut persuadée d'échanger ses vêtements serrés contre des robes de chambre. des plus confortables.

A onze heures, le secrétaire particulier de l'Impératrice fait son apparition et lui apporte la nombreuse correspondance à traiter. Ils travaillèrent ensemble pendant environ une heure et Alexandra tenta plus d'une fois de s'intéresser aux œuvres de bienfaisance publiques et de se renseigner sur les différents établissements d'enseignement de l'Empire. Celles-ci étaient cependant sous la protection spéciale de l'impératrice douairière, qui ne souffrait aucune ingérence dans cette affaire et qui s'appliquait à tenir sa belle-fille à l'écart. C'était un grand malheur, car cela ôtait à cette dernière un intérêt considérable pour son existence, et la forçait presque à consacrer son temps à des occupations frivoles dont elle ne se souciait pas. Le déjeuner était servi à deux heures et était généralement un repas simple, quoique abondant, auquel les invités étaient rarement invités. Après cela, l'empereur resta une heure avec sa femme, causant des diverses nouvelles de la journée, puis ils sortirent tous deux pour une autre promenade. Le thé était apporté à l'Impératrice à cinq heures sur un plateau dans sa chambre, et elle l'avalait généralement d'un trait, sans même regarder la tasse dans laquelle il était contenu. Elle aimait les travaux d'aiguille et s'amusait à confectionner de jolis petits vêtements en dentelle pour son bébé attendu. Elle ne se souciait pas de la société de ses dames d'honneur, qu'elle ne voyait parfois pas pendant des semaines, pendant les premiers jours de son mariage. Mais plus tard, à cause des reproches qui lui furent adressés pour cette négligence envers ses serviteurs personnels, elle les fit dîner avec elle et l'Empereur le dimanche, et cette coutume dura jusqu'à la Révolution, où elle tomba en désuétude, ainsi que avec tant d'autres choses.

Après le dîner, l'impératrice s'installait dans un grand fauteuil près du feu ouvert et reprenait ses travaux d'aiguille pendant que l'empereur lui lisait à haute voix. Il aimait beaucoup lire et lisait extrêmement bien. Il aimait plus que tout autre les livres historiques et suivait avec un intérêt considérable les différentes revues anglaises et françaises qui lui étaient régulièrement envoyées. Cela dura jusqu'à onze heures environ, lorsque Nicolas II. se rendit à son bureau pour y travailler quelques heures, tandis que l'Impératrice commençait à se déshabiller. J'étais généralement présent à cette opération, qui était exécutée par les deux servantes de service, qui se changeaient tous les jours. Alexandra avait une profusion de beaux cheveux soyeux, et bien qu'elle ne soit pas aussi capricieuse quant à leur traitement que la pauvre impératrice Elisabeth d'Autriche, elle aimait néanmoins les faire brosser pendant environ une demi-heure, après quoi ils étaient étroitement tressés, et reliée par un ruban de soie assorti à celui qui garnissait ses chemises de nuit. C'étaient des toiles ou des batistes les plus fines, abondamment ornées de dentelles de Valenciennes ou de Malines. Les vestes de chambre et les peignoirs de l'Impératrice étaient généralement confectionnés en mousseline sur soie, avec des insertions de filet de Bruxelles. Elle aimait excessivement la belle lingerie et m'avoua un jour qu'un de ses plus grands plaisirs après son mariage avait été de pouvoir enfin assouvir son faible pour la belle lingerie. Ses draps étaient absolument magnifiques et changeaient tous les jours, la dentelle qui les garnissait étant soigneusement sélectionnée pour correspondre à celle de ses robes de nuit. Madame Barrauld, la grande lingère française, qui avait confectionné les trousseaux de toutes les jeunes filles élégantes de la société pétersbourgeoise, était convoquée environ une fois par semaine à Czarskoi Selo, pour recevoir les ordres de l'Impératrice concernant sa lingerie, et cela de ses filles quand celles-ci sont nées.

En ce qui concerne les robes, Alexandra Feodorovna en possédait une cinquantaine pour chaque saison, sans compter les figurants. Elle aimait beaucoup les robes blanches, même si celles-ci ne lui allaient pas. Mais on lui avait dit que c'était une coutume russe de porter des vêtements blancs à chaque grande fête, et elle l'avait tellement exagéré que la société pétersbourgeoise, toujours en alerte pour critiquer son nouveau souverain, s'en était moquée. , et ses élégants leaders de la mode avaient affecté de porter des robes colorées, et même sombres, dans des occasions où auparavant ils n'auraient jamais pensé à le faire. On croyait qu'elle n'avait aucun goût dans sa manière de s'habiller, et par conséquent on considérait qu'il fallait faire exactement le contraire de ce qu'elle faisait, du moins en cette matière.

La famille impériale ne venait pas souvent à Czarskoi Selo. D'abord, les grandes-duchesses, tantes de l'Impératrice, avaient tenté de la voir, sans être appelées auprès d'elle ; mais ils s'aperçurent bientôt qu'il existait entre eux et elle une barrière qu'il était hors de leur pouvoir d'enlever. Alexandra Feodorovna se montrait toujours polie avec eux, les recevait toujours avec le sourire, mais elle parvenait néanmoins à leur faire sentir qu'ils l'ennuyaient et qu'elle ne se souciait pas de leurs visites. L'impératrice douairière avait également tenté de briser la réserve de sa belle-fille, mais si celle-ci avait évité de la blesser en montrant trop ouvertement son dégoût de voir sa solitude empiétée, sa raideur n'avait pas encouragé Marie Feodorovna à réitérer sa tentative. de considérer la maison de son fils comme la sienne, et d'y entrer et d'en sortir à sa guise et selon son bon plaisir.

Tout cela a provoqué le comportement de la jeune épouse de Nicolas II. être sévèrement critiquée dès les premiers jours de son arrivée en Russie. Malheureusement pour elle, le choix qui avait été fait parmi les membres de sa maison n'avait pas été heureux. Sa maîtresse des robes, la princesse Galitzyne, était une femme intrigante, qui ne pensait qu'à ses propres avantages et à la possibilité de mettre à profit la haute position dans laquelle elle se trouvait placée. Ses demoiselles d'honneur étaient des filles très aimables, mais pour la plupart des rien, et, à vrai dire, son mari n'était pas l'homme capable d'être pour elle le guide dont elle avait besoin pendant ces premiers jours de sa vie conjugale. La seule personne qu'elle voyait intimement et qui parvenait avec le temps à acquérir une influence considérable sur elle, était sa sœur, la grande-duchesse Elizabeth, dont elle avait plus ou moins craint pendant sa jeunesse et qui abusait des privilèges. grâce à elle en tant qu'aînée de l'impératrice. Et la Grande-Duchesse n'était pas un sage mentor pour la femme impressionnable et impulsive que le destin avait élevée au trône de toutes les Russies.

Avec ses domestiques, Alexandra Feodorovna ne parlait jamais, sauf lorsqu'il s'agissait de questions concernant leurs devoirs. Elle avait l'habitude d'avoir avec moi une demi-heure de conversation, matin et soir, au sujet de ses robes ou de ses bijoux, et me donnait ses instructions sur ce qu'elle exigeait qu'on en fasse. Mais ce n'est qu'après plusieurs années, et après que je l'ai aidée à soigner les jeunes princesses lors d'une crise de scarlatine, que l'Impératrice commença à me parler de questions domestiques et de diverses autres choses qui l'inquiétaient. Elle détestait la familiarité et croyait fermement que cela faisait partie de son devoir de garder les gens à distance. Et pourtant, quel bon cœur elle avait ! Il lui suffisait de savoir qu'un malheur était arrivé à l'un de ses serviteurs ou de ses domestiques, pour leur témoigner toute la sympathie dont son âme était pleine. Mais en temps normal, elle gardait une attitude de réserve toujours incomprise et qui lui fut plus d'une fois amèrement reprochée.

Paul Thompson

SALLE ALEXANDRE AU KREMLIN DE MOSCOU

En ce mois de novembre qui marquait le premier anniversaire du mariage du tsar, la Cour attendait la naissance du premier enfant du couple impérial. Tous étaient décidés qu'il s'agirait d'un fils, héritier des vastes domaines et du trône des Romanoff. L'idée qu'il pourrait s'agir d'une fille n'avait jamais traversé l'esprit ni de la nation ni des souverains eux-mêmes. Des préparatifs innombrables avaient été faits pour l'arrivée au monde de ce garçon tant désiré, et depuis quelques jours personne n'avait dormi dans le palais de Tsarskoï Selo. Enfin les médecins, qui depuis des semaines n'avaient pas quitté la résidence impériale, furent appelés au chevet d'Alexandra Feodorovna. La pauvre femme a vécu des moments très durs, et pendant de longues heures, sa vie a tremblé dans la balance, tandis que tout espoir de voir l'enfant naître vivant avait presque disparu. Grande fut donc la joie lorsque son cri se fit entendre pour la première fois, joie cependant qui se transforma en une intense déception lorsqu'on annonça que le bébé n'était qu'une pauvre petite fille, petite et délicate ; une petite fille dont personne ne voulait et que personne n'était disposé à aimer, sauf la mère, qui la prenait à cœur avec toute la tendresse qui, quoique contenue, formait une des bases de son caractère étrange, peut-être pas aimable, mais personnage tout à fait admirable.

CHAPITRE IV

LE COURONNEMENT

LE baptême de la grande-duchesse Olga Nicolaievna fut célébré en grande pompe à Czarskoi Selo, après quoi la Cour s'installa à Saint-Pétersbourg et la jeune impératrice prit possession de ses nouveaux appartements au Palais d'Hiver. Celles-ci avaient été magnifiquement ornées de magnifiques tentures en soie fabriquées à Lyon, copiées sur celles qui ornent les pièces occupées par Marie-Antoinette au Palais Royal de Fontainebleau en France. Cela avait été une surprise du tsar envers sa femme, mais celle-ci, au lieu d'être contente, était superstitieuse affectée par ce souvenir de l'infortunée reine de France. On n'a jamais encore raconté que lorsque l'Impératrice était encore enfant à Londres, une vieille gitane qu'elle avait rencontrée en se promenant avec ses sœurs dans Richmond Park, lui avait prophétisé un malheur, ainsi qu'à sa sœur Elizabeth, en disant qu'elles se marieraient toutes les deux. dans un pays lointain, où rien que des larmes et du chagrin les attendaient. Ce fait, qu'elle n'avait jamais oublié, avait plus à voir qu'on ne l'imaginait avec ce poids de tristesse qui semblait toujours peser sur Alexandra Feodorovna, même si elle évitait bien sûr d'en parler.

Elle tâchait néanmoins de se débarrasser des pressentiments dont son âme s'emplissait en voyant les chambres qu'on lui avait préparées, et elle s'appliquait à leur donner ce trait d'intimité qu'elle communiquait invariablement à tous les lieux où elle habitait. De grands palmiers ont été apportés et placés dans différents coins, et quelques tableaux de valeur ont été accrochés aux murs. Mais l'Impératrice n'aimait pas les tableaux, et lorsqu'on lui demanda si elle ne se ferait pas apporter quelques-uns de ceux de la collection de l'Ermitage, comme cela se faisait pour la grand-mère de son mari, l'Impératrice Marie Alexandrovna, elle refusa : disant qu'elle ne se souciait pas de priver le public de leur vue. En général, l'art ne l'attirait pas, mais elle lisait beaucoup et jouait du piano avec beaucoup de plaisir, sans toutefois avoir le talent pour la musique qui distinguait sa fille aînée, la grande-duchesse Olga, qui devint une véritable passionnée. artiste plus tard. C'était l'habitude de l'Impératrice, avant de jouer, d'enlever ses bagues, dont elle possédait de beaux spécimens, et de les jeter sur le meuble le plus proche, oubliant ensuite où elle les avait mises. Cela provoquait parfois des ennuis considérables, car ils ne pouvaient pas toujours être trouvés immédiatement, et une recherche effrénée était faite dans tout le palais, jusqu'à ce qu'ils arrivent enfin dans un endroit impossible ou autre. Parmi ces bagues, il y en avait une contenant un beau diamant rose, la bague de fiançailles de l'Impératrice, qu'elle préférait à toutes les autres, et qu'elle portait constamment. Néanmoins, même dans le cas de son bijou préféré, elle ne pouvait pas se débarrasser de la curieuse habitude de l'enlever de temps en temps de son doigt et de jouer avec, comme aurait pu le faire un enfant, parfois tout à fait inconscient qu'elle le faisait. .

Le piano de l'Impératrice était un magnifique instrument d'Érard et avait été un cadeau de mariage de sa belle-mère. Elle le préférait à tous les autres qu'elle possédait, et lorsque la Cour s'installa définitivement à Czarskoi Selo, ne revenant au Palais d'Hiver que pour quelques heures, elle le fit emporter là-bas et joua dessus jusqu'au moment où elle fut envoyée dans cet exil sibérien d'où peut-être elle ne reviendra jamais.

Le baptême de la Grande-Duchesse Olga fut le signal de la reprise des festivités de la Cour après la période de deuil d'Alexandre III. était fini. Des bals furent encore donnés au Palais d'Hiver, bien que sa jeune maîtresse n'aimait pas beaucoup la danse, mais ils furent de plus courte durée et pas aussi animés que ceux des temps passés. D'une part, l'Impératrice allaitait elle-même sa petite fille, au grand indignement de ses proches, qui estimaient que ce n'était pas une chose convenable à faire dans sa position, et elle aimait se retirer tôt. À toutes ces réceptions, elle était belle en apparence et magnifiquement habillée, peut-être trop magnifiquement, et elle faisait certainement une splendide apparition lorsqu'elle entrait dans une salle de bal. Mais les gens la trouvaient ennuyeuse et dépourvue de ce genre de conversation qu'on appelle « bavardage ». Elle était bien trop franche pour cacher ses sentiments, et ne pouvait se résoudre à se montrer amusée alors qu'en réalité elle s'ennuyait. Cela a été remarqué et bien sûr mécontent. Les gens s'attendent à ce qu'on s'intéresse à leurs actes et à leurs paroles, et une impératrice qui ne souriait presque jamais ne correspondait pas à leur estimation de ce qu'elle aurait dû être, de sorte qu'avec une chose et une autre, la saison d'hiver, généralement si brillante à Saint-Pierre. La guerre de Saint-Pétersbourg, et qu'on attendait avec impatience après celle qui l'avait précédée, ne connut pas le succès escompté. Alexandra Feodorovna devenait rapidement impopulaire, simplement parce qu'elle ne voulait pas s'abaisser au niveau de ceux qui la critiquaient si ouvertement et avec tant de persistance.

Déjà à cette époque-là, il existait contre elle un parti qui ne manquait jamais une occasion de la comparer à sa belle-mère, et cela n'était pas à son avantage. La douairière avait été extrêmement appréciée, en partie parce qu'elle s'était toujours fait un devoir de ressembler à tous ceux qu'elle connaissait ou rencontrait. Elle n'avait peut-être pas été plus bavarde que sa belle-fille, mais elle avait souri gentiment et fait des signes de tête gentiment à toutes ses connaissances, et elle n'avait jamais remarqué les défauts de son voisin. Alexandra Feodorovna, au contraire, était encline à la satire et avait un sens de l'humour aigu, qui n'était pas destiné à ajouter aux plaisirs de son existence. Elle dessinait les caricatures les plus habiles et aimait les montrer. Un jour, elle réalisa un dessin merveilleusement astucieux du tsar, assis dans une chaise bébé, tandis que sa mère le grondait pour avoir refusé de prendre une assiette de soupe qu'elle lui tendait. Le dessin passa de main en main et ne contribua pas à établir des relations harmonieuses entre les deux impératrices, tandis que le public était scandalisé de voir le tsar se moquer de sa propre épouse, qui aurait dû être la première à lui témoigner du respect. et déférence. Tout cela n'était que de petites choses, mais elles constituaient la goutte d'eau qui finit par user le rocher le plus dur. Plusieurs fois j'ai voulu avertir ma maîtresse des critiques auxquelles elle se prêtait volontiers par ses manières et sa conduite, mais je n'ai jamais osé ; et celles qui auraient pu le faire, comme sa maîtresse des robes et ses dames d'honneur, ne considéraient pas suffisamment ses intérêts pour porter à son attention ces petites choses, qui en réalité étaient importantes, pour son confort et son bonheur futurs. .

D'une chose à l'autre, l'impopularité du jeune souverain était déjà un fait établi lorsque le couronnement eut lieu à Moscou. Cela apparut très clairement le jour où elle fit son entrée publique dans la ville antique, lorsque la foule la salua dans un silence absolu, tandis qu'elle acclamait avec véhémence l'impératrice douairière. Alexandra le sentit profondément, et lorsqu'elle fut seule dans son appartement, elle pleura abondamment sur cette manifestation du mécontentement de la nation à l'égard de sa personne. C'était la première fois que je la voyais se livrer à un chagrin quelconque, et cela m'affectait beaucoup, surtout en vue de ce qui allait suivre. J'avais déjà appris à aimer cette douce et douce dame, qui semblait poursuivie par une malchance si persistante, et dont les actions étaient incomprises par ceux-là mêmes qui auraient dû apprécier les véritables motifs qui la guidaient. L'Impératrice avait un sens élevé du devoir, mais une idée erronée de ce que cela consistait. Elle était bien trop désireuse de gagner l'approbation de ses sujets pour s'y prendre de la bonne manière, et d'ailleurs elle n'avait personne pour lui faire remarquer les diverses particularités de la nation russe et de la société russe. Elle ne voulait pas aller à l'encontre de ce qu'elle considérait comme les sentiments nationaux du peuple sur lequel elle régnait, et pourtant elle s'arrangeait pour blesser ces sentiments à presque chaque pas qu'elle faisait.

Paul Thompson

SALLE DU TRÔNE AU KREMLIN DE MOSCOU

Un terrible exemple de cela s'est produit lors de ce même couronnement dont je parle. Tout le monde connaît le triste accident qui devait la gâcher, et qui offrait une analogie avec celui qui se passa à Paris lors des noces de Louis XVI. et Marie-Antoinette. Grâce à la négligence et à l'insouciance de ceux qui auraient dû être plus avisés, une fête populaire qui était l'un des traits distinctifs de tout le cortège du couronnement, se termina dans un terrible désastre, et environ vingt mille personnes furent écrasées à mort le jour même. Champ de Khodinka près de Moscou. Le soir même, un bal devait avoir lieu à l'ambassade de France. L'ambassadeur, le comte de Montebello, envoya un de ses attachés auprès du maître des cérémonies, lui demandant s'il devait l'ajourner, en raison de la catastrophe survenue le matin. Ce fonctionnaire qui, avec d'autres, s'était appliqué à maintenir le tsar dans l'ignorance de l'ampleur du désastre, prit sur lui de répondre qu'il n'y avait aucune raison pour ce changement de programme, et la Cour se rendit en conséquence à l'ambassade de France. . La jeune Impératrice, qui avait appris par une de ses dames la vérité sur ce qui s'était passé, était très mécontente de la nécessité de paraître en public le jour où une si terrible calamité avait frappé tant de monde, mais elle avait peur de le faire. dites ce qu'elle pensait, de peur qu'on puisse croire qu'elle avait saisi le premier prétexte qu'elle pouvait trouver pour éviter de se montrer aux Montebello. On soupçonnait déjà à cette époque que ses sympathies allaient aux Allemands, et elle était tout à fait consciente de l'opinion qui les concernait ainsi qu'à elle-même. Elle n'a pas souhaité étayer davantage cette croyance et n'a donc pas suivi les instincts de son cœur, qui l'auraient conduite dans les différents hôpitaux où avaient été transportées les victimes du matin. Ainsi, avec du chagrin dans l'âme et de l'anxiété dans l'esprit, elle se rendit à ce bal fatal et dansa toute la nuit, bien que ses pensées fussent absentes de la scène gaie à laquelle elle participait si mal à l'aise.

À son retour au Kremlin, elle s'est laissée tomber dans un fauteuil à côté de son lit et a éclaté en sanglots, sans prêter attention à ma présence ni à celle de ses autres servantes. Ne voulant pas qu'ils fussent témoins de cette explosion de douleur, je les renvoyai et essayai de réconforter ma maîtresse du mieux que je pouvais, la suppliant de se maîtriser et de ne pas affliger l'empereur par la vue de sa douleur. Mais Alexandra Feodorovna pleurait jusqu'à ce que je la persuade enfin de se rendre à la crèche, où la vue de sa petite fille endormie dans son berceau lui rendit son calme.

Et c'était cette femme qu'on représentait froide et insensible, à qui on reprochait sa totale indifférence devant une catastrophe d'une ampleur insolite ! Si elle avait seulement écouté le cri de son propre cœur et n'avait pas toujours vécu dans la crainte de commettre des erreurs et d'aller à l'encontre des sympathies de son entourage, elle se serait certainement beaucoup mieux comportée et aurait probablement été beaucoup plus appréciée.

Le couronnement fut loin d'avoir le succès escompté et la Cour retourna à Peterhof avec le sentiment de soulagement que ce soit terminé. S'ensuivirent quelques semaines tranquilles, peut-être les plus heureuses de toute la vie d'Alexandra Feodorovna, qui commença alors à organiser ce qui s'avéra par la suite être une véritable institution : des cours de couture qu'elle présidait, où les dames du monde confectionnaient des vêtements pour les pauvres qui étaient distribué à ces derniers à Noël, un peu comme la Guilde des travaux d'aiguille de la reine Mary d'Angleterre. Ce fut sa première entreprise dans le domaine caritatif, et elle fut couronnée de succès pendant quelque temps, parce que de nombreuses dames s'y joignirent, malheureusement par intérêt, et parce qu'elles espéraient que cela les attirerait à l'attention du souverain et contribuent ainsi à la réussite de leur carrière mondaine. Mais là encore, l'Impératrice ne comprit pas ce qui résidait dans la bonne volonté avec laquelle son appel fut répondu, et elle ne témoigna aucune faveur particulière aux femmes qui étaient entrées dans son esprit. Ceux-ci furent très vite dégoûtés de ce qu'ils appelaient l'ingratitude impériale, et enfin les cours de couture de Czarskoi Selo prirent fin, du moins en ce qui concerne le monde à la mode, parce qu'ils continuaient à être fréquentés par les épouses et les filles des nobles. de petits commerçants de la commune impériale, avides d'être mis en contact personnel avec l'épouse de leur tsar, et grâce à cet élément nouveau, ils prospérèrent et parvinrent à faire beaucoup de bien. Plus tard, pendant la guerre du Japon, ils furent transportés au Palais d'Hiver de Saint-Pétersbourg, où ils restèrent installés jusqu'à la Révolution, la guerre actuelle leur ayant donné un nouveau stimulant.

C'est au cours des semaines qui suivirent immédiatement le couronnement que furent enfin arrêtés les projets d'une série de visites à l'étranger dans les différentes capitales de l'Europe. C'est aussi alors qu'il fut finalement décidé que ces visites incluraient celle du Président de la République française, un événement qui, on l'imagine, donna lieu à de nombreuses discussions animées, et qui fit couler beaucoup d'encre dans les chancelleries. et des rédactions de journaux du monde entier, notamment d'Europe. L'Impératrice attendait ce voyage avec appréhension, mais s'y préparait néanmoins avec un soin inhabituel. Je ne l'avais jamais vue aussi intéressée par les vêtements qu'elle porterait, et elle envoya des instructions minutieuses à Worth, de la célèbre rue de la Paix, qui devait être chargé de confectionner les robes nécessaires à cette occasion capitale. Cependant, bien contre sa volonté, il fut décidé d'emporter certains des joyaux de la couronne, car il était jugé nécessaire de faire preuve d'une splendeur inhabituelle lors de ce voyage. Cela ne plut pas à l'Impératrice, compte tenu des disputes qui avaient surgi entre elle et sa belle-mère au sujet de ces mêmes bijoux, mais elle ne fut pas autorisée à intervenir, ni le collier historique, ni la tiare de Catherine II. . ont été dûment emballés et emportés. Les événements prouvèrent que l'instinct d'Alexandra Feodorovna était vrai, car la société pétersbourgeoise lui reprochait amèrement cette infraction aux vieilles traditions Romanoff, qui exigeaient que les diamants de la Couronne ne soient pas sortis de Russie, ni même de la famille impériale. critiquait cette innovation dans les mœurs antiques et lui en rendait responsable. En réalité, c'était le ministre des Affaires étrangères de l'époque, le prince Lobanoff, qui avait insisté pour que l'impératrice apparaisse à Londres, à Paris et à Vienne, dans toute la pompe de sa position impériale, et qui avait soulevé cette question avec laquelle Alexandra Feodorovna elle-même n'avait rien à voir. faire, au-delà de se soumettre aux dispositions que d'autres avaient prises en son nom. C'est ainsi que l'histoire s'écrit.

CHAPITRE V

VISITES À L'ÉTRANGER

LE début des visites du jeune empereur et de l'impératrice dans les cours étrangères fut marqué par un de ces malheurs qui semblaient suivre leurs traces partout où ils allaient. Le ministre des Affaires étrangères, le prince Lobanoff, décède subitement dans une gare où le train impérial s'est arrêté quelques minutes. C'était un homme d'une grande capacité et d'une vaste expérience diplomatique, et, en outre, un ami fidèle de la jeune impératrice, qui le pleurait de tout son cœur. Il lui aurait sans doute donné plus tard de bons conseils, dont elle avait souvent besoin, et aurait pu la mettre en garde contre les conseils insidieux qu'elle recevait si souvent de la part de gens intéressés à la voir commettre bévues sur bévues. Son successeur, le comte Mouravieff, était à la fois un protégé et un favori de la mère de l'Impératrice, à l'origine de sa nomination. C'était aussi un homme d'une capacité inhabituelle, mais qui savait très bien de quel côté son pain était beurré, et qui était bien trop sage du monde pour s'attacher à une femme qui, il le savait trop bien, ne parviendrait jamais à se faire connaître. populaire dans le pays sur le trône duquel elle siégeait.

L'une des premières visites effectuées par Nicolas II. et son épouse à l'étranger était l'empereur et l'impératrice allemands dans la ville de Breslau, qui avait été choisie afin de donner un aspect plus intime à l'entretien et de lui retirer le caractère plus officiel qu'il aurait eu s'il avait eu lieu. lieu à Berlin. Ils furent reçus en grande pompe. Guillaume II. a assumé ses meilleures manières et a essayé par tous les moyens en son pouvoir de mettre ses invités à l'aise. Il était le cousin germain d'Alexandra Feodorovna et avait imaginé à un moment donné qu'il trouverait en elle une alliée fidèle dans ses divers projets. Mais au cours de ces premiers mois de sa vie conjugale, la tsarine avait appris une autre leçon : il valait mieux éviter de se mêler de politique. Elle se borna donc à échanger des banalités avec ses cousins allemands, si bien que l'impératrice Augusta Victoria fit remarquer plus tard qu'elle ne s'attendait jamais à trouver « Alix » si frivole. Le fait est que la jeune tsarine avait pris grand soin d'être magnifiquement habillée pour la circonstance. Worth avait envoyé un messager spécial à Saint-Pétersbourg pour conférer avec elle sur les vêtements dont elle aurait besoin pour ce grand événement : sa première apparition en tant qu'impératrice de toutes les Russies devant les cours étrangères. Pour le grand dîner d'État qui avait lieu à Breslau, ma maîtresse portait une robe dont le tissu avait été spécialement tissé pour elle à Lyon, un satin blanc brillant brodé de lys et de plumes d'or, le corsage bas abondamment garni de dentelles d'or. Dans ses cheveux était un diadème de saphirs et de brillants, et sur son cou reposaient des saphirs et des perles d'une valeur inestimable, dont la plus longue rangée tombait jusqu'au bas de sa jupe. Elle était vraiment magnifique, mais cette splendeur fut amèrement critiquée par le peuple allemand, qui déclara qu'elle voulait les impressionner par ses richesses. Une autre chose qui déplut également à ses hôtes était qu'elle avait apporté son service de toilette en or et qu'elle avait fait mettre de côté celui en argent qu'on lui avait préparé et qui, par compliment pour elle, avait été spécialement apporté du Trésor Royal en Berlin. Cet ensemble de toilette en argent avait appartenu à la célèbre reine Louise, mère de Guillaume Ier, et le Kaiser avait imaginé qu'en en permettant l'usage à son hôte russe, il lui faisait un grand compliment. Lorsqu'il apprit qu'elle l'avait rejeté, il fut mortellement offensé et fit même une remarque cinglante à cet effet, ce qu'elle à son tour ressentit amèrement, disant qu'il lui semblait que son cousin William la considérait toujours comme la petite princesse de Hesse de aussi peu d'importance qu'avant son mariage. Toutes ces choses auraient pu être évitées avec un peu de tact, et j'ai souvent déploré cette habitude qu'avait la tsarine de dire impulsivement des choses qui blessaient. J'avais essayé de la dissuader d'emporter avec elle ce lourd nécessaire de toilette, qui, en fait, lui causait des ennuis partout où elle allait, mais elle ne voulait pas m'écouter et m'a dit que ce qu'elle avait décidé ne me concernait pas, et que je n'avais qu'à exécuter les ordres qu'on me donnait, donc forcément je devais garder le silence. Un autre caprice de l'Impératrice était d'emporter avec elle les belles passementeries en dentelle de sa coiffeuse. Partout où nous allions, il fallait les sortir et les ajuster à la table devant laquelle elle s'asseyait pour se faire coiffer, ce qui occasionnait parfois un travail inutile qui exaspérait ses servantes, car toutes les tables n'étaient pas de la même taille et la dentelle devait être ajusté en cas de difficultés, car il ne pouvait bien sûr pas être réduit. C'étaient du point d'Angleterre et de la dentelle de Bruxelles, et un des ensembles était composé de vieux Argenton, évalué à vingt mille francs. L'ensemble devait être changé tous les jours et était en outre orné de rubans de satin de différentes couleurs, qui ajoutaient à son impression de richesse.

Chose étrange, la tsarine appréciait bien plus sa visite à la cour de Vienne que celle qu'elle avait rendue à ses cousins berlinois. Elle avait toujours été curieuse de connaître l'impératrice Elisabeth, et le fait que celle-ci ait consenti à sortir de sa retraite et à assister à sa réception à Vienne ne pouvait que la flatter. De plus, elle se sentait attirée par la personnalité de la belle princesse bavaroise, qu'un triste sort avait transformée en Mater Dolorosa, et les deux dames furent dès le début sympathiques l'une à l'autre. Par une attention délicate, que personne, je crains, n'appréciait, la tsarine avait choisi une robe blanche pour le dîner d'État qui se donnait à la Hofburg, et pendant tout son séjour à Vienne, elle se faisait un devoir de ne pas paraître en couleurs. , par respect pour les sentiments de l'impératrice Elisabeth, qui n'a jamais cessé, tant qu'elle a vécu, de porter le deuil de l'archiduc Rodolphe.

Nous sommes également, lors de cette tournée, allés à Balmoral, où l'impératrice a rencontré sa grand-mère, la reine Victoria. La vieille souveraine avait été très bonne envers sa petite-fille, depuis la mort prématurée de sa mère, la princesse Alice, et l'avait souvent eue avec elle. Mais ce séjour à Balmoral ne fut pas une réussite. Peut-être était-il difficilement possible que ce soit le cas, car le caractère de ma maîtresse n'était pas de nature à tolérer l'ingérence, et la reine Victoria, qui avait entendu parler, comme elle le faisait généralement de tout ce qui concernait sa famille immédiate, de l'impopularité croissante de la jeune tsarine, l'a pris à partie et a commencé à lui donner des conseils sur ce qu'elle devait faire. L'Impératrice n'accepta cependant aucun conseil, estimant que personne en dehors de la Russie ne pouvait apprécier les difficultés croissantes de sa situation et, par ailleurs, ne se souciant pas d'initier sa grand-mère aux diverses intrigues qui sévissaient dans la famille impériale russe. Elle reçut donc froidement les exhortations de la reine, et lorsque les deux dames se séparèrent, ce ne fut pas aussi chaleureusement qu'on aurait pu l'espérer.

Bien entendu, le point culminant des visites à l'étranger de l'Empereur et de l'Impératrice fut Paris. Elle les attendait avec un enthousiasme sans doute jamais vu dans la capitale française. De toutes parts, on entendait des cris de « Vive l'Impératrice ! » retentissant dans l'air, et les appréciations des journaux et du public furent toutes chaleureuses et pleines d'admiration sincère. Mais l'Impératrice, dont la santé était délicate, ne semblait pas se soucier du programme complexe de festivités qui avait été prévu en son honneur, et se montrait plus que d'habitude apathique et indifférente. Elle était fatiguée et, en outre, gênée par ce qu'elle considérait comme des expressions d'admiration exagérées avec lesquelles elle était accueillie. Elle le montrait si clairement que les Parisiens sentaient qu'elle n'appréciait pas très bien leurs efforts pour lui plaire, et ils se mirent à leur tour à la critiquer, ainsi que ses manières et ses toilettes. Même si Worth s'était surpassé, les vêtements qu'il avait confectionnés pour cette occasion manquaient du véritable chic parisien qu'exige la ville gay. Et l'on commença à murmurer que la tsarine ne savait pas s'habiller, ce qui était un grave reproche aux yeux des Français. Il se produisit aussi un autre incident qui illustre le manque de tact qui gênait si souvent la conduite de ma maîtresse impériale, et qui caractérisait tout son entourage et sa cour. L'ambassadeur de Russie, le baron Mohrenheim, a donné à l'ambassade un déjeuner auquel il a invité les dirigeants de cette partie de la société française appelée le Faubourg Saint-Germain. Parmi celles qui répondirent à son appel se trouvaient les duchesses de Luynes et d'Uzès, la comtesse Aimery de la Rochefoucauld et la duchesse de Doudeauville. On avait dit à la tsarine que ces dames n'étaient pas en faveur dans les milieux républicains et elle craignait de leur témoigner une attention qui pourrait être interprétée comme un désir de plaire aux ennemis du régime qui l'accueillait. Elle se laissa donc présenter, mais ne leur dit que quelques mots, et se montra si froide à leur égard que, bien entendu, elle en fut gravement offensée, et on dit au baron Mohrenheim que son « *Impératrice n'était pas aimable ». .*»

Bien sûr, une femme avec un peu d'expérience du monde aurait pu savoir concilier les différents éléments avec lesquels elle était mise en contact. Mais Alexandra Feodorovna n'était pas une diplomate et, d'ailleurs, elle n'a jamais pu cacher ses sentiments. Elle parvenait ainsi à blesser ceux à qui, peut-être, au fond de son cœur, elle tenait le plus à plaire.

La petite grande-duchesse Olga avait accompagné ses parents lors de ces visites, et malgré les nombreuses choses qu'elle avait à faire et les nombreuses occupations de son temps, ma maîtresse n'oubliait jamais d'assister au déshabillage de son enfant le soir et la faisait amener dans sa chambre dès le matin. Je réveillais généralement la tsarine à huit heures, lorsque je lui tendais une veste de dentelle et de soie que m'apportait la servante de service, puis elle demandait sa fille avec laquelle elle jouait pendant une demi-heure. une heure environ avant de jeter un coup d'œil aux journaux du matin et de prendre la tasse de thé qu'elle aimait le matin. Il devait être très fort et amer, et elle ne prenait jamais de sucre ni de crème avec. Lorsqu'elle était habillée, elle prenait avec l'Empereur un petit-déjeuner anglais qui, après avoir été fixé à neuf heures et demie, fut pris plus tard beaucoup plus tôt, afin de ne pas gêner le déroulement de la journée. cours pour enfants. L'impératrice aimait les œufs et une certaine sorte de bacon croustillant, comme on en trouvait généralement à Windsor ou à Balmoral, ou dans toutes les résidences de la reine Victoria. Elle avait, en général, des goûts très anglais et l'anglais était la seule langue utilisée dans le cercle de la famille impériale russe. Cette attention d'Alexandra Feodorovna envers sa fille fut certes louée à Paris comme à Londres, mais pas appréciée comme elle aurait dû l'être à Saint-Pétersbourg, où l'on disait qu'elle eût mieux fait d'être moins appréciée. bonne mère, et plutôt impératrice. La famille impériale surtout la critiquait librement et la traitait par dérision de Mère Gigogne. Lorsqu'elle lui naissait filles après filles, ces critiques devenaient encore plus aiguës, et on disait qu'elle perdait tout son temps à s'occuper de petites filles dont l'existence n'intéressait en rien l'Empire russe.

Je dois ici rapporter un fait qui, à ma connaissance, n'a jamais été rendu public. Après le couronnement, l'impératrice, par suite de fatigue excessive, eut un accident qui détruisit certains espoirs de maternité qu'elle allaitait. Elle n'avait pas parlé de son état dans sa famille, et elle m'a dit qu'elle était très heureuse de ne pas l'avoir fait, car très probablement on l'aurait accusée de quelque imprudence, d'autant plus que son médecin disait que l'effet attendu L'enfant aurait, selon toute probabilité, été un garçon. Néanmoins, d'une manière ou d'une autre, la chose a été portée à la connaissance du public dans le sens où l'on soupçonnait, même si personne ne savait avec certitude si c'était vrai ou non, qu'un tel accident avait eu lieu, et avec la méchanceté habituelle de l'humanité, il Le bruit courait que la souveraine avait eu des raisons de cacher l'état dans lequel elle se trouvait, et que l'accident en lui-même avait été provoqué plus volontairement qu'accidentellement. On me demanda un jour si ces paroles qui circulaient librement à Saint-Pétersbourg étaient vraies ou non. Imaginez mon indignation et ma colère en entendant ma maîtresse bien-aimée accusée d'une chose si terrible, l'accusation n'ayant aucun fondement pour la justifier. Lorsque plus tard ma maîtresse impériale commença à m'honorer de sa confiance, je la suppliai, chaque fois qu'elle croyait avoir des raisons de supposer qu'elle allait redevenir mère, de le mentionner immédiatement et de lui donner le plus de publicité possible. . Mais la malchance la poursuivait si obstinément que cela lui causa aussi plus tard de nombreux ennuis, lorsqu'elle fut atteinte d'une maladie qu'on attribuait d'abord à un état qui en réalité n'existait pas.

Paul Thompson

ANCIENNE SALLE DE BANQUET DES TSARS

Lorsque nous revînmes à Saint-Pétersbourg après ce voyage triomphal (car on le considérait comme tel) à l'étranger, nous y fûmes accueillis avec plus d'effusion que prévu. L'alliance française devenait très populaire, et la nation russe se sentait d'ailleurs flattée à l'idée que ses souverains aient été autant valorisés là où ils étaient. Nous nous rendîmes d'abord à Czarskoi Selo, puis nous nous rendîmes pour la saison d'hiver dans la capitale, où l'Impératrice, comme d'habitude, reçut les dames du monde après la messe du jour de l'An, après quoi commença la ronde habituelle des réjouissances qui faisaient la joie de Saint-Pétersbourg. une ville si attrayante à l'époque dont j'écris. Mais au lieu des sept ou huit bals généralement donnés pendant l'hiver, l'Impératrice s'arrangea pour n'en donner que quatre, variés de quatre représentations théâtrales, dans le petit théâtre de l'Ermitage, construit par l'impératrice Catherine. Ces représentations, toujours composées de pièces classiques, étaient déclarées ennuyeuses, et l'on trouvait un prétexte ou un autre pour s'en abstenir, déclenchant ainsi le système de boycott qui, plus tard, s'étendit à tous les divertissements de l'Impératrice. Elle a été élue ennuyeuse et aucune critique n'aurait pu être pire, compte tenu de l'état actuel, ainsi que des us et coutumes, de la société de la capitale russe.

CHAPITRE VI

LA GRANDE-DUCESSE ELIZABETH

AU risque de soulever contre moi une tempête d'indignation, je dois dire qu'un des malheurs de la tsarine fut d'avoir en Russie une sœur aînée déjà mariée à un grand-duc de Russie. Je sais que c'est une légende établie selon laquelle la grande-duchesse Elisabeth est une sainte qui aurait dû être canonisée de son vivant. Mais en réalité, les choses n'étaient pas aussi représentées. La Grande-Duchesse était une femme très ambitieuse et, de plus, qui ne se souciait de rien ni de personne au monde, à l'exception d'elle-même. Malgré le bruit que son mariage était très misérable, elle était au contraire parfaitement heureuse avec son mari, qui se contentait de la laisser vivre sa propre vie, et qui ne se mêleait jamais de ce qu'il lui plaisait de faire. Lorsqu'il fut nommé gouverneur général de Moscou, elle s'empressa de se rallier à l'Église grecque pour gagner en popularité dans l'ancienne capitale des tsars russes, et elle y parvint dans une certaine mesure. Elle profita de sa position de sœur aînée de la jeune tsarine pour tenter de l'influencer et de la préjuger contre ceux dont elle croyait avoir personnellement lieu de se plaindre. La faiblesse du caractère de Nicolas II. était bien connu de sa famille, bien avant qu'il monte sur le trône, et le grand-duc Serge, qui, soit dit en passant, était un homme extrêmement intelligent, et sa femme décidèrent de diriger la Russie à travers le influence de sa nouvelle impératrice, et devenir les seuls personnages réellement importants de l'État. Ils réussirent en partie, et ce fut la cause de la plupart des malheurs qui allèrent plus tard frapper la malheureuse tsarine.

Cette dernière, malgré son caractère impétueux et, à vrai dire, hautain, éprouvait une crainte envers sa sœur aînée, sentiment dont la grande-duchesse Elisabeth savait très bien tirer parti. Elle s'efforça de persuader sa sœur qu'il était indispensable qu'elle affectât un attachement à la foi orthodoxe beaucoup plus fort qu'elle ne le professait réellement, et que si seulement le clergé orthodoxe pensait avoir trouvé en elle un soutien énergique, elle deviendrait rapidement populaire. . Il ne faut pas oublier qu'à cette époque l'influence des prêtres en général déclinait rapidement et qu'ils en étaient conscients. Il n'est donc pas étonnant qu'ils aient cherché une alliée parmi la famille impériale, et que la grande-duchesse Elisabeth, qui faisait profession d'être absorbée par les pratiques d'une dévotion étroite, soit devenue l'objet de leur affection favorite. Elle en était tout à fait consciente, et étant une femme bien plus intelligente qu'elle ne le paraissait, elle l'utilisait à son propre avantage et au détriment de sa sœur.

Elizabeth Feodorovna avait la réputation d'être une demi-sainte. En réalité, elle n'était rien de tout cela, car elle aimait démesurément les mauvaises comme les bonnes choses de ce monde. Passionnée d'admiration, elle n'avait pas été insensible à celle qu'elle inspirait, et ses admirateurs avaient été nombreux, à commencer par le frère de son propre mari, le grand-duc Paul. Mais elle avait mené toutes ses intrigues d'une manière grandiose, et ne leur avait jamais permis de gêner le confort général de son existence. Mondaine jusqu'au bout des doigts, elle affectait pourtant les manières d'une femme surnaturelle, et elle « accueillait » la plupart de ceux avec qui elle entra en contact par son hypocrisie, car on ne pouvait guère l'appeler autrement.

Au fond, elle était jalouse de sa sœur, tout comme elle avait été jalouse de l'impératrice Marie Feodorovna, sous le règne de celle-ci. C'était principalement pour cette raison qu'elle avait été si heureuse d'aller à Moscou, où elle savait qu'elle serait la première dame de la ville et jouirait d'une position semi-impériale. Elle ne se souciait pas de voir quelqu'un se présenter devant elle, et elle s'appliquait à rendre la jeune tsarine impopulaire par tous les moyens en son pouvoir.

Bien entendu, la malheureuse Alexandra Feodorovna, qui ne connaissait rien de la Russie et encore moins de la société russe lorsqu'elle s'est mariée, a cru tout ce que sa sœur lui disait, et celle-ci lui a donné une opinion totalement fausse sur la plupart des gens qu'elle a vus, ou avec qui elle fut mise en contact, l'Impératrice douairière d'abord, et tous les autres membres de la famille impériale. Parmi ces dernières, la jeune tsarine aurait pu trouver des amis mais trop heureux de la guider, comme par exemple sa propre belle-sœur, la grande-duchesse Xénia, qui avait à peu près son âge et qui aurait été trop heureuse de lui être utile. Mais le mari de celle-ci, le grand-duc Alexandre Michaïlovitsch, était crédité de desseins ambitieux et était en outre l'un des hommes les plus intelligents de son époque. C'était plus que suffisant pour l'éliminer du nombre des personnes qu'il était jugé opportun qu'Alexandra Feodorovna fréquente beaucoup.

Je citerai un exemple du genre d'influence que la grande-duchesse Elisabeth exerçait sur sa sœur. Un jour, l'Impératrice est venue me voir et m'a dit (cela s'est passé pendant la guerre) que sa sœur lui avait envoyé des reliques d'un saint célèbre de l'Église orthodoxe, enterré dans la cathédrale de Rostoff sur le Don, lui disant au en même temps qu'elle devait les faire dissoudre dans l'eau et ensuite boire cette eau tôt le matin avant d'avoir pris toute autre nourriture. Si elle le faisait, le succès reviendrait sans aucun doute aux armes russes. La pauvre impératrice était partagée entre la conviction que son devoir lui commandait d'obéir à sa sœur et son dégoût pour l'abominable breuvage qu'elle était censée avaler. J'ai fait de mon mieux pour la persuader que tout cela n'avait aucun sens, mais Raspoutine, qui était l'un des instruments de la grande-duchesse Elisabeth, est intervenu et, après bien des hésitations, la malheureuse tsarine s'est finalement décidée à boire le des reliques sales comme on lui avait ordonné et, par conséquent, elle était abominablement malade.

C'est également Elizabeth Feodorovna qui fut responsable de l'introduction de Raspoutine dans le cercle immédiat de la famille impériale. Avant cela, elle avait présenté à sa sœur un Français, nommé Philippe, qui passait pour un des premiers médiums d'Europe, et ce Philippe fut pendant peu de temps un personnage assez important à la Cour. C'était à peu près au moment où éclatait la guerre du Japon, et l'intrigant Français faisait de son mieux pour consolider son influence et son pouvoir, en faisant toutes sortes de prophéties sur la direction que prendrait la lutte. Cependant les événements démentirent ses prédictions, car au lieu des brillants succès qu'il avait prophétisés, la défaite suivit le cours de la campagne et les armées russes furent mises en déroute. Cela ébranla la réputation du médium et, finalement, après un nouvel échec d'ordre privé (il avait promis à l'Impératrice qu'elle donnerait naissance à un fils dans les six mois suivants, ce qui n'arriva pas), il fut licencié, principalement à la demande du grand-duc Nicolas, qui fit appel au tsar et lui révéla les nombreuses intrigues dont Philippe s'était rendu coupable. Après son départ, l'Impératrice passait son temps à tourner les tables, seule ou avec quelques amis choisis, et elle finit par mettre son système nerveux dans un tel état qu'il n'est pas étonnant qu'elle soit devenue une proie facile pour Raspoutine lorsque ce dernier lui fut présenté. par sa sœur, avec l'assurance qu'il était l'un des plus grands saints que l'Église orthodoxe russe ait jamais connu.

Cette influence de la grande-duchesse Elisabeth s'exerçait non seulement dans les domaines religieux et politiques, mais aussi dans les domaines purement frivoles. Par exemple, elle introduisit au palais impérial une couturière de Moscou qui confectionnait elle-même ses robes et à qui elle avait promis de se procurer l'Impératrice comme cliente. Cette couturière, dont j'ai toujours été convaincu qu'elle était une espionne allemande, devint un personnage assez important à la Cour, et bientôt ma maîtresse n'osa plus commander de robe à personne d'autre qu'à cette femme. Cela provoqua bien sûr un grand mécontentement parmi ses anciens modistes, tant à Petrograd qu'à Paris, qui, après avoir bénéficié de son patronage pendant plusieurs années, avaient du mal à se laisser réserver à un nouveau venu. J'ai essayé plus d'une fois de faire des remontrances et d'insister sur l'opportunité de ne pas offenser d'anciens amis, si une telle expression peut être utilisée dans un cas pareil, mais j'ai été immédiatement réduit au silence, de sorte que l'Impératrice a dépensé deux fois plus pour ses vêtements que elle l'avait fait pendant les premières années de son mariage et était habillée avec beaucoup moins de goût. Sous prétexte qu'elle devait porter des soieries russes, on lui confectionna des robes en étoffes inférieures, et en plus, elles furent abominablement confectionnées. C'était d'autant plus honteux que Moscou possède des manufactures de soie dont la production n'est pas du tout inférieure aux plus belles soieries françaises, mais ma pauvre maîtresse n'a jamais eu la chance de les avoir, et les satins et les velours les moins chers et les plus vils étaient ceux qui sa célèbre couturière moscovite a été sélectionnée pour elle. Worth, qui avait eu pendant des années le privilège de confectionner les robes des impératrices russes, devint très en colère contre la négligence avec laquelle ses offres étaient traitées, et bientôt l'impératrice en vint à être qualifiée d'avare, non seulement à Saint-Pétersbourg mais aussi en Russie. Paris, où les propriétaires des nombreux établissements où elle s'habillait autrefois, devinrent ses ennemis et se mirent à la traiter d'Allemande, pour la seule raison qu'elle n'y achetait plus ses robes et autres objets. Il eût été facile d'éviter tout cela si l'on avait eu une volonté forte et indépendante et si l'on n'était pas tremblant, comme ma pauvre maîtresse, chaque fois que sa sœur se précipitait sur elle avec une plainte ou dans une excitation quelconque. Lorsque les petites grandes-duchesses grandissent, leur tante s'immisce également dans leur éducation. Elle se croyait une excellente pédagogue et était convaincue d'avoir admirablement élevé les deux enfants orphelins de son beau-frère, le grand-duc Paul, Dmitry et Marie, qui deviendra plus tard l'épouse d'un Suédois. Prince dont elle divorça peu de temps après. En réalité, elle n'avait rien fait de tel, et ni le neveu ni la nièce dont elle était censée avoir veillé avec tant de soin sur l'enfance, ne lui faisaient aucun honneur, ni ne prouvaient en aucune façon l'excellence de la formation qu'elle était censée suivre. les ai donnés. A l'égard des enfants du tsar et de la tsarine, son influence s'est révélée assez malfaisante, et aurait pu devenir même dangereuse si le bon sens des deux aînées ne les avait sauvés du danger de l'atmosphère superstitieuse dans laquelle leur tante voulait les entourer.

Service cinématographique international

RASPOUTINE

L'Impératrice était la meilleure et la plus tendre des mères. En fait, son affection pour ses enfants était presque trop fervente, car elle s'inquiétait toujours de leur sort et ne leur permettait presque jamais de se mêler aux autres, de peur que quelque chose de mal ne leur arrive. Elle pensait, tout naturellement, pouvoir faire confiance à sa sœur et partager avec elle les responsabilités de l'éducation de sa famille. En réalité, elle n'aurait pas pu faire un pire choix, car entre ambition et superstition, la grande-duchesse Elisabeth était à peu près la dernière personne à qui on aurait dû accorder un libre accès aux filles au tempérament impressionnable des jeunes filles de Nicolas II.

CHAPITRE VII

LES RELATIONS FAMILIALES DE LA TSARINE

L' Impératrice, comme toutes les princesses allemandes, avait été élevée dans une atmosphère familiale qui avait beaucoup de bourgeoisie. Son père était un homme relativement pauvre et sa maison était menée de la manière la plus modeste, comme le montrent les lettres de la mère de la tsarine, la grande-duchesse Alice de Hesse, adressées à sa propre mère, la reine Victoria. Ni la pompe ni la magnificence n'avaient présidé à l'éducation des jeunes princesses si tôt orphelines de mère, et ce n'est qu'à Windsor et à Balmoral que la princesse Alix avait compris ce que signifiait l'existence d'une souveraine. Mais d'un autre côté, elle avait été très heureuse avec ses sœurs et avec son frère auquel elle était particulièrement attachée. Depuis quelques années après la mort de leur père, elle avait été pratiquement la maîtresse de sa maison, et elle avait ressenti amèrement son mariage avec leur cousine, la princesse Victoria Melita de Saxe-Cobourg. Cette dernière, dont la mère était une grande-duchesse de Russie, avait, à sa manière, un caractère tout aussi impérieux que sa belle-sœur, et bientôt les relations entre les deux filles devinrent plus que tendues. Comme on le sait, le mariage du grand-duc de Hesse s'est avéré des plus malheureux et s'est terminé par un divorce dans lequel la princesse Alix s'est rangée du côté de son frère et a permis à l'épouse de ce dernier de constater que tel était le cas. Cela provoqua une querelle de famille, encore accentuée par le remariage de Victoria Melita avec son autre cousin, le grand-duc Cyrille de Russie, qui exaspéra l'impératrice à tel point qu'elle usa de toute son influence sur le tsar pour persuader ces derniers d'exiler Cyrille et son épouse, et de les priver de leur fortune et de leur rang à la cour de Russie. C'était un acte des plus malheureux, car il souleva contre la tsarine la colère de tous ses parents, qui déjà ne l'aimaient pas, et qui par conséquent allèrent grossir les rangs de ses ennemis, hélas déjà trop nombreux.

J'ai toujours regretté que ma maîtresse impériale ne puisse se faire des amis parmi ses propres parents. Cette partialité dont elle a toujours fait preuve à l'égard de ses relations hessoises était très malheureuse et ajoutait certainement à son impopularité. Si elle avait été sage, elle aurait facilement pu trouver un soutien chaleureux auprès de la sœur du tsar, la grande-duchesse Xénia, et du mari de cette dernière, dont les bons sentiments à son égard lui auraient assuré l'allégeance de tous les fils du grand-duc. Michel, le grand-oncle du tsar, et le membre le plus respecté de la famille Romanoff, ainsi que l'aîné. Malheureusement, elle n'en voyait pas la nécessité et craignait l'influence qu'exerça sans doute autrefois sur l'esprit du tsar Xénia, sa sœur préférée. Elle la tenait donc à distance et évitait de l'inviter à Czarskoi Selo. La famille impériale, se trouvant snobée à chaque pas, boycotta à son tour son impératrice, de sorte que celle-ci s'éloigna chaque jour un peu plus de ceux qui auraient dû être ses amies et ses soutiens naturels.

La grande-duchesse Vladimir, elle-même princesse allemande et duchesse de naissance de Mecklembourg, avait été autrefois celle qui attirait le plus Alexandra Feodorovna, et une certaine intimité s'était même établie entre elles. Puis un jour la princesse, en visitant sa nièce, avait trouvé établie dans sa chambre une des nombreuses religieuses dont celle-ci aimait à s'entourer et qui lui avait été présentée par sa sœur Elisabeth. Elle avait fait quelques remarques sur l'inopportunité qu'une impératrice de Russie admette dans une intimité aussi étroite une femme sans instruction, qui, d'ailleurs, était probablement, comme toutes les religieuses russes, adonnée aux commérages. Ces propos furent très mal accueillis et mirent fin à une amitié qui, malgré les nombreux inconvénients qu'elle présentait (la grande-duchesse Vladimir étant une partisane active du Kaiser et du parti allemand à la Cour), eût encore été préférable à celui qui continuait à persister entre Alexandra Feodorovna et un certain nombre de moines et de nonnes ignorants dont elle finissait par préférer la société à celle de tout le monde. Ce n'était pourtant pas grand-chose, car, à mesure que le temps passait, ma maîtresse développait de plus en plus ce malheureux amour de la solitude qu'on lui reprochait si souvent et non injustement. Elle avait un grand défaut pour une femme de sa haute position : celui de prendre la vie trop au sérieux, en ce sens qu'elle n'admettrait jamais que quiconque ait le droit de chercher à s'amuser ou à se détendre des devoirs de la vie quotidienne. En effet, elle cherchait des devoirs et en trouvait là où il n'en existait pas. Elle détestait les bals et méprisait profondément la société, la croyant composée de gens frivoles et de mauvaise humeur. Elle n'aimait pas les plaisirs innocents, non pas parce qu'elle avait une préférence pour les autres, mais parce qu'elle était convaincue que chaque heure de l'existence d'un homme ou d'une femme devait être consacrée à un devoir ou à une occupation quelconque. Lorsqu'elle était obligée de se présenter à un bal ou à une réception officielle, elle le faisait avec un air tellement ennuyé qu'il ne pouvait manquer d'être remarqué et, bien sûr, de lui en vouloir. Son plus grand bonheur aurait été de mener une vie au grand air, de faire de longues promenades et de jouer au tennis ou au golf pour se détendre. Même ses lectures étaient toujours sérieuses, et on ne voyait jamais de roman dans ses appartements. Parfois ses belles-sœurs lui insistaient sur la nécessité de lire tel ou tel livre, dont la publication avait fait quelque bruit dans le monde. Mais elle refusait invariablement, ou si elle y consentait, le faisait sous protestation, et ferait plus tard des remarques cinglantes sur son aversion pour ce genre de littérature. Le tsar, au contraire, aimait lire un bon roman et essayait parfois d'en lire le contenu à haute voix à sa femme, lorsqu'elle l'écoutait avec un air ennuyé, mais ne voulait cependant pas exprimer en aucune façon. autrement, sa désapprobation. Elle était très attentionnée envers son mari, même si, au début de leur mariage, elle avait eu tendance à montrer trop d'influence et de pouvoir sur son esprit, ce qui était aussi une des choses que la société russe ne lui avait pas pardonné. Un incident en particulier avait suscité l'ire de l'Impératrice douairière, qui n'avait pas caché son indignation contre sa jeune belle-fille à ce sujet. Le tsar et sa femme avaient accepté une invitation à dîner et à passer la soirée à la caserne du régiment de hussards, dont l'empereur, lorsqu'il était héritier du trône, commandait. Nicolas II. s'amusait, comme il le faisait invariablement au milieu de ses vieux camarades d'autrefois, mais l'Impératrice était loin de le faire, aussi, quand onze heures sonnèrent, elle décida qu'elle en avait bien assez, et, l'appelant mari, dit haut et fort en anglais : « Maintenant, viens, mon garçon, il est temps d'aller au lit ! On peut imaginer l'horreur des assistants en entendant l'autocrate de Toutes les Russies s'adresser en public à « mon garçon » par son imprudente épouse. L'incident fut largement commenté et discuté, et Marie Feodorovna crut de son devoir d'en faire des remontrances à sa belle-fille, disant qu'elle n'avait jamais osé s'adresser à Alexandre III. en présence d'autres personnes, et encore moins lors d'une occasion officielle comme celle-ci, autrement que sous le nom de « Monsieur » ou de « Votre Majesté ». Ma maîtresse prit très mal ces remontrances, et les relations entre les deux dames ne s'améliorèrent pas après cette affaire.

Si Alexandra Feodorovna avait été entourée de gens qui lui souhaitaient du bien, ils auraient essayé d'éduquer son esprit et de lui faire remarquer la nécessité d'observer certains détails d'étiquette dont on ne lui avait jamais appris la nécessité dans sa petite Darmstadt. mais qu'elle ne pouvait négliger dans sa position d'impératrice de Russie. La bonté aurait fait des merveilles avec elle, et personne ne l'aurait apprécié plus qu'elle-même, mais toute opposition avait pour effet de l'exaspérer et de la pousser à faire précisément ce qu'elle n'aurait pas dû faire. Elle avait l'idée qu'en tant qu'épouse d'un dirigeant autocratique, elle était placée au-dessus de toute sorte de critique et que personne n'osait faire aucune remarque sur sa conduite ou ses manières. Bien sûr, c'était une idée erronée, mais elle s'était tellement emparée de son esprit que rien ne pourrait jamais l'en chasser, et elle a certainement contribué aux malheurs qui l'ont assaillie plus tard. Hélas! Hélas! combien de fois n'ai-je pas regretté que cette douce princesse, si attirante à bien des égards, ne pût être amenée à regarder le monde avec d'autres yeux que ceux d'un ennemi. Si seulement elle avait cru ceux qui l'aimaient sincèrement, comme sa vie aurait pu être différente !

Au cours de l'été 1898, la grande-duchesse Olga attrape la scarlatine. La nourrice anglaise qui s'occupait de la crèche impériale se retrouva avec la deuxième petite fille née du tsar et de la tzarine, la grande-duchesse Tatiana, et l'impératrice se chargea d'allaiter seule l'enfant malade. Je demandai la permission de partager avec elle les soins de la malade, et ce fut après cela que ma maîtresse commença à se confier à moi dans une certaine mesure et à me parler de quelques-unes de ses nombreuses inquiétudes et de ses nombreux chagrins. Je me souviens si bien d'elle pendant ces jours et ces nuits assises près du lit de camp dans lequel dormait sa petite fille, vêtue d'une robe de chambre de flanelle blanche que je l'avais presque obligée d'acheter pour l'occasion, sa tête blonde posée sur sa main, absorbée dans ses pensées, et avec cette expression douce mais anxieuse sur son beau visage, qui déjà à ce moment-là commençait à s'installer sur ses traits. Elle me plaignit un jour que ses proches lui avaient reproché de s'exposer à des risques de contagion. « Comme si cela avait de l'importance, dit-elle, même si je mourais, car l'Empereur trouverait toujours une autre épouse qui aurait peut-être plus de chance que moi et qui serait capable de lui donner un héritier. Je ne manquerais à personne, à l'exception peut-être de ces enfants », et elle se mit à pleurer des larmes amères. J'essayai de la réconforter en lui disant qu'elle ne devait pas parler ainsi, car aucune femme n'avait jamais été plus aimée de son mari que de l'empereur. ma chère, rétorqua l'Impératrice, à quoi me sert d'être aimée de mon mari quand tout le monde est contre moi ? C'est l'amour de la nation que je voudrais conquérir, et comment puis-je espérer y parvenir, aussi longtemps que je n'ai pas donné d'héritier à la Russie ! » Pauvre femme, elle s'imaginait bien que la cause de son impopularité était le fait qu'elle n'avait pas de fils !

Cela me rappelle l'état d'esprit dans lequel fut plongée ma pauvre maîtresse à la naissance de sa seconde fille, Tatiana. Elle s'était inquiétée tout au long de sa grossesse à l'idée d'avoir une autre fille, jusqu'à ce que finalement cette pensée devienne une véritable obsession, et que son système nerveux en soit complètement brisé. Lorsque l'enfant vint au monde, il y eut un profond silence dans la chambre, et le médecin informa le tsar, par un signe préalablement convenu, du sexe de l'enfant, qu'il crut nécessaire de cacher d'abord à la mère. Mais l'Impératrice vit autour d'elle les visages inquiets et troublés lorsqu'elle fut remise des effets du chloroforme qui lui avait été administré, et ses premiers mots furent : « Mon Dieu, c'est encore une fille. Que dira la nation, que dira la nation ? et elle a éclaté dans une crise de colère.

Néanmoins, les petites filles qui venaient l'une après l'autre animer le cercle familial du tsar et de la tzarine, bien qu'elles fussent très mal accueillies, devinrent avec le temps l'objet de l'amour le plus affectueux de leurs parents et furent soignées tout aussi bien. comme si leurs naissances n'avaient pas constitué une grave déception pour leur père et leur mère. Mais le fait que pendant une dizaine d'années la Russie n'ait pas eu d'héritier direct a ébranlé la position d'Alexandra Feodorovna, qui a commencé à être considérée comme une personne sans importance. Les gens admiraient le grand-duc Michel, en qui chacun voyait le futur tsar, et qui non seulement était immensément populaire, mais dont les traits et le caractère rappelaient plus que ceux de tous ses autres enfants de feu Alexandre III. L'Impératrice en était parfaitement consciente, et cela ne contribuait pas à lui faire aimer son beau-frère. En général, elle n'était en bons termes avec aucun membre de la famille impériale russe, à l'exception bien sûr de sa sœur et du mari de cette dernière, le grand-duc Serge, et elle s'accrochait plus que jamais à ses relations allemandes, et à son frère en particulier. Elle attendait toujours avec impatience les courts séjours qu'on lui permettait de faire de temps en temps à Darmstadt, où elle se sentait plus à son aise que partout ailleurs, à l'exception de Livadia, en Crimée, où elle se construisait une sorte de de palais de fées, à la place de la petite chaumière qui avait été trouvée suffisante pour l'impératrice Marie Alexandrovna, et où Alexandre III. avait rendu son dernier soupir. La construction de ce palais était aussi une des choses qu'on reprochait à ma maîtresse. On disait qu'il n'était pas convenable d'avoir démoli la maison où était mort le défunt tsar, et on avait critiqué les sommes considérables d'argent qui avaient été gaspillées, comme on le disait, pour la construction de cette nouvelle résidence. Quand cela fut répété à l'Impératrice, elle devint furieuse et jura qu'aucun de ceux qui s'étaient ainsi laissés mécontents de ce qu'elle avait fait ne franchirait jamais les portes de sa maison de Crimée. Elle tint sa promesse, et même sa belle-mère ne fut jamais invitée à visiter le nouveau château qu'Alexandra Feodorovna s'était construit sur les bords de la mer Noire et qu'elle avait rendu si beau.

CHAPITRE VIII

LA VIE À CZARSKOI SELO

ON M'A souvent demandé des détails sur le type d'existence de la famille impériale à l'intérieur de leur maison. Tant que j'étais à leur service, je ne parlais jamais de ce que je voyais et évitais en général de parler de tout ce qui concernait la vie familiale de mes maîtres. Il me semble maintenant que je ne commets pas d'indiscrétion en le faisant, car je n'ai que du bien à dire aux malheureux tsar et tsarine.

Ils formaient un couple des plus affectueux, et à les regarder et à les entendre converser, on aurait presque cru qu'ils étaient de petits « bourgeois » du type cher aux auteurs français, plutôt que de puissants souverains. Ils plaisantaient souvent ensemble et se taquinaient à voix basse, et tous deux s'amusaient lorsqu'ils étaient livrés à eux-mêmes. Plus tard, bien sûr, les choses ont changé et, à mesure que l'horizon politique devenait de plus en plus sombre, le vieux rire joyeux avec lequel l'empereur et sa femme faisaient écho dans les salles et les couloirs du palais de Tsarskoï Selo s'est tu et s'est fait entendre très clairement. rarement. Mais le sens de l'humour de Nicolas II. et de son épouse ne les abandonna jamais, et ils étaient enclins à regarder le côté joyeux des choses plutôt qu'à se livrer au pessimisme, dans toutes les questions qui ne concernaient pas l'administration de leur vaste empire. Ce fut la partie tragique de leur vie et, étant tous deux des gens très consciencieux, ils souffraient cruellement de constater que tous leurs efforts pour améliorer la condition de leur peuple étaient mal compris. Bien sûr, il est vain de nier que la faiblesse de caractère de l'Empereur ait été en grande partie responsable de la série de désastres qui ont fini par l'écraser, lui et sa famille, mais il faut aussi reconnaître qu'il n'a jamais rencontré d'aide sincère et désintéressée dans cette affaire. responsabilités de sa tâche ardue. Durant les premières années de son mariage, l'Impératrice se tenait, ou plutôt était tenue, à l'écart de tout ce qui touchait à la politique, ce qui était bien dommage, car à cette époque elle aurait pu se rendre utile à bien des égards. Mais tous les ministres et conseillers de Nicolas II. étaient d'avis que sa femme devait être reléguée à un poste subalterne, et lui-même n'avait aucune envie de l'initier aux détails compliqués liés au gouvernement de la Russie. Ce n'est qu'après avoir donné naissance à un héritier que la position d'Alexandra Feodorovna devint importante et qu'elle fut consultée par son mari. A cette époque, la réputation de faiblesse de caractère de l'empereur était devenue un fait établi, et ceux qui l'avaient gouverné jusqu'alors, furieux de se voir évincés, commencèrent à répandre le bruit que l'impératrice abusait de son influence sur le tsar et l'obligeait à se conformer à ses propres opinions politiques, censées être entièrement allemandes.

Pour autant que j'ai pu en juger, il s'agissait d'une erreur, au moins dans certains détails. La tsarine aimait beaucoup son pays natal, on ne peut le nier, mais elle était une mère trop affectueuse pour ne pas voir qu'il eût été impossible de mener en Russie une politique purement allemande, et la chose à laquelle elle s'accrochait le plus était son trône et la possibilité de voir son propre fils l'occuper à terme. Elle était ambitieuse pour lui comme pour elle-même, et bien que cela puisse être déploré, il n'y a pourtant rien d'étonnant à cela.

Elle n'aimait pas Saint-Pétersbourg et le luxe de ses appartements au Palais d'Hiver et, après la guerre du Japon et la Révolution, elle persuada le tsar de renoncer à y résider et d'établir sa résidence permanente à Czarskoi Selo ou à Livadia en la Crimée. Ils venaient parfois dans la capitale pour je ne sais quelle fête militaire, mais leur séjour y était toujours de courte durée et ne dépassait jamais quelques heures. La seule fois où ils y résidèrent, et ce seulement pendant trois jours, ce fut à l'occasion de la célébration du jubilé de trois cents ans de l'accession de la dynastie des Romanoff au trône de Russie. Après l'avoir quitté, ils ne devaient plus jamais dormir sous son toit, bien que leurs chambres fussent toujours prêtes à les accueillir. Parfois, l'Impératrice s'y arrêtait pour prendre une tasse de thé, lors d'une de ses rares visites à Saint-Pétersbourg, pour inspecter quelque institution charitable, mais elle ne les aimait jamais, bien qu'elle les ait fournis avec tant de soin et qu'elle ne se sente jamais chez elle dans cet endroit. ces salles immenses qui ne pouvaient être rendues accueillantes ou confortables, au sens généralement attribué à ce mot.

A Czarskoi Selo, la vie se déroulait très bien. L'Impératrice se leva tôt et, après avoir pris une tasse de thé au lit, jeta une robe de chambre sur ses épaules et se rendit dans les chambres de ses enfants. Elle était toujours présente lorsqu'ils disaient leurs prières et elle leur lisait un chapitre de la Bible ou l'Évangile du jour. Ce n'est qu'après avoir accompli ce devoir qu'elle commença sa propre toilette, ce qui fut toujours une affaire compliquée, et cela jusqu'au dernier jour de mon séjour avec elle, même après qu'elle eut abandonné la plupart de ses ornements et de ses belles robes et pris le relais. l'habit de la sœur de charité qu'elle déclarait être devenue. Mais elle était particulière dans le soin qu'elle prenait à sa propre personne et passait plus de temps que quiconque ne l'aurait fait dans son bain et dans l'occupation générale de son habillage et de son déshabillage. Une fois coiffée et revêtue de la robe qu'elle choisissait parmi les trois ou quatre qu'on lui apportait, elle se rendait au petit appartement où était servi le petit déjeuner et où ses enfants l'attendaient généralement déjà. Un domestique informait alors l'Empereur que sa femme était dans la salle à manger et il l'y rejoignait presque immédiatement. Le repas ne commençait jamais sans lui, et était simple mais copieux. Des œufs, de la viande froide et une variété de gâteaux et de biscuits accompagnés de petits pains chauds en composaient généralement. Nicolas II. était un gourmet et, bien qu'il se souciait avant tout de la cuisine russe, il insistait pour que tout ce qui lui était servi soit du meilleur. Le déjeuner était le repas auquel il prenait le plus librement, et il consistait toujours en cinq ou six plats, commençant par du caviar et d'autres condiments, et se terminant par des fruits frais, quelle que soit la saison de l'année, et du café très fort. . Le tsar était l'homme le plus sobre de sa famille, contrairement à ce qu'on a dit de lui, et sa seule boisson était du vin de Crimée de ses propres crus, qui était en effet très bon. Parfois, lorsqu'il allait souper au mess de son ancien régiment de hussards, qu'il était resté très attaché, il buvait librement du champagne, ce qui commençait la légende selon laquelle il était un ivrogne démesuré, mais ces occasions étaient rares, et certainement n'a jamais donné lieu à aucune manifestation extérieure de sa part qui aurait pu accréditer ce rapport malveillant. Les boissons fortes n'apparurent jamais sur la table impériale. Nicolas II. il buvait un petit verre de vodka avant ses repas, comme le fait tout Russe, mais c'était tout. Quant à l'Impératrice, elle ne touchait que rarement à l'eau minérale, et les enfants étaient élevés dans une stricte sobriété. Pendant le dîner, qui était servi à huit heures, du Madère et du Xérès apparaissaient, ainsi que du vin rouge et blanc, mais c'était pour le bénéfice des invités. Il y en avait toujours à ce repas, mais il s'agissait des dames d'honneur de l'Impératrice et des serviteurs personnels de l'Empereur, rarement quelqu'un d'autre. Parfois, une fanfare militaire jouait quelques-uns des airs favoris de la tsarine, qu'elle écoutait avec attention, mais cela n'arrivait que rarement, sauf le dimanche. Pour Nicolas II, le dîner était une affaire élaborée, composée principalement de plats russes. n'aimait pas les sauces françaises et les menus français, et disait que ce qu'il préférait était la cuisine russe simple et excellente. Le poisson appelé Sterlet était un de ses favoris, ainsi qu'un pudding qui s'appelait Gourieswkaya Kacha, ou bouillie, et qui était vraiment très bon. L'Impératrice était absolument indifférente à ce qu'elle mangeait ou buvait et se contenterait parfaitement de vivre avec des flocons d'avoine et des œufs. La seule chose qui l'intéressait était son thé, qu'elle voulait très fort, et la marque qu'elle préférait était celle dans laquelle le thé vert était mélangé avec du noir ; elle répudiait totalement le thé indien ou celui de Ceylan, donnant sa préférence à la caravane chinoise.

À mesure que les enfants impériaux grandissaient, leur mère adopta l'habitude de passer la plupart de son temps avec eux lorsque son état de santé le lui permettait. Elle avait toujours été très délicate et développait de violents maux de tête nerveux qui la prosternaient totalement et la clouaient au lit dans une chambre sombre, parfois pendant deux ou trois jours. Ces attaques la laissaient terriblement faible et elle aurait besoin de soins et de calme pour s'en remettre. Parfois, une autre attaque la submergeait avant que les effets de la première ne disparaissent. De là est née la rumeur selon laquelle elle était une mère contre nature qui, pendant des jours, ne permettait pas à ses filles de l'approcher. Rien de pareil ne s'est jamais produit, mais lorsque ma pauvre maîtresse a été alitée, ses souffrances étaient si intenses que parfois le bruit d'un pas dans la pièce voisine ajoutait à l'agonie qu'elle endurait, et bien sûr il fallait la laisser seule. à de telles périodes. Mais le monde, toujours cruel et injuste à son égard, voulait qu'elle s'enfermât dans ses appartements parce qu'elle ne pouvait porter ses enfants, et il les plaignait en conséquence.

Mais lorsqu'elle était en bonne santé, la tsarine consacrait chaque minute de son temps à sa famille. Elle se chargea de l'instruction religieuse de ses fils et de ses filles, et elle s'efforça de les élever dans les principes forts qu'elle professait elle-même. Le tsar et elle-même observaient avec une extrême ponctualité les rites de l'Église orthodoxe grecque. Durant les six semaines du Carême, aucune viande ne figurait sur la table impériale, et lors des fêtes comme le dimanche, toute la famille assistait à tous les offices du matin et de l'après-midi qui se célébraient dans la chapelle du Palais. Par la suite, l'Impératrice fit construire une église à Czarskoi Selo, qui devint l'un des plus beaux sanctuaires de toute la Russie, et elle s'y rendait régulièrement, délaissant la chapelle privée de sa propre résidence. Elle s'était aménagée un oratoire dans un coin du bâtiment, d'où elle pouvait, sans être vue, suivre les offices religieux. Cette excentricité, qui venait de ce que la tsarine ne se souciait pas d'être l'objet de l'attention de l'assemblée, fut aussi la cause d'attaques violentes et inconvenantes contre sa personne et son caractère.

L'EX-TSARINE DE RUSSIE ET SES QUATRE FILLES

Lorsque son état de santé le lui permettait, Alexandra Feodorovna faisait de longues promenades dans le parc entourant le palais, avec l'empereur et ses enfants. Elle aimait démesurément le grand air, et n'était jamais aussi heureuse qu'en Crimée, où elle pouvait se livrer à son goût. Là, elle passa des heures à aménager sa roseraie et à embellir d'une manière générale ce bel endroit, dans lequel elle espérait pouvoir un jour se retirer. Il n'est pas généralement connu, mais c'est un fait, que l'Empereur et elle-même ont nourri l'idée d'abdiquer en faveur de leur fils dès que celui-ci serait en âge d'assumer le gouvernement du pays, et de se retirer à Livadia pour le reste de leurs jours. Ni Nicolas II. et son épouse n'a jamais imaginé que cette abdication leur serait imposée par des événements dont personne dans toute la Russie n'aurait pu prévoir l'ampleur.

Très peu de visiteurs venaient égayer la solitude de Tsarskoï Selo, mais à Livadia l'Impératrice se faisait un devoir d'inviter au dîner et aux petites danses données pour ses filles, tous les habitants du quartier, ou séjournant dans les différents hôtels de la région. la côte de Crimée, qui lui avait été présentée. Les officiers du yacht impérial, le *Standard* , étaient également conviés à ces fêtes, et ils étaient presque les seules personnes avec lesquelles l'Impératrice conversait librement. Elle aimait beaucoup la mer et, au cours des croisières qu'elle effectuait chaque été dans les eaux finlandaises, elle connaissait par son nom tout l'équipage du navire sur lequel elle se trouvait et prenait plaisir à causer avec les officiers et les hommes. , dont les premiers furent ensuite toujours accueillis par elle partout où elle se trouvait.

Mais en général, elle ne se souciait pas de la société. Sa Maîtresse des Robes fut à peu près la seule femme admise dans son intimité tant que le poste fut occupé par la Princesse Galitzyne, mais après la mort de celle-ci et la nomination de Madame Narischkine, les relations de l'Impératrice avec le chef de sa maison devenue purement formelle, et la seule véritable confidente qu'elle eut pendant les six ou sept dernières années qui précédèrent la guerre et la Révolution fut une femme qui devait lui faire un mal infini et qu'elle eût bien mieux fait de garder à l'écart. à bout de bras, la trop célèbre Madame Wyroubieva, dont j'aurai quelque chose à dire plus tard.

CHAPITRE IX

LA COUR ET LES ASSOCIÉS DE LA TSARINE

LORSQUE l'Impératrice se maria, sa maison fut constituée à la hâte, ce qui était bien dommage, car elle n'était pas entièrement composée des meilleures personnes au point de vue intellectuel. L'impératrice douairière était tellement absorbée par son chagrin qu'elle ne pouvait pas accorder au sujet l'attention qu'elle aurait autrement accordée. L'Empereur, en revanche, savait très peu de choses sur la société pétersbourgeoise, et surtout sur ses ragots. Lorsque le nom de la princesse Galitzyne lui fut mentionné comme celui de la meilleure dame pour la difficile position de maîtresse des robes et de conseillère principale de sa jeune épouse, il l'accepta tout naturellement, n'ayant à l'esprit que le grand nom et la position éminente de la princesse.

C'était une femme dont le passé avait figuré l'essentiel de la *jeunesse dorée* de Saint-Pétersbourg. Elle avait été mariée très jeune à un homme beaucoup plus âgé qu'elle et avait très vite trouvé nombre de personnes disposées à la consoler de la grande différence d'âge qui existait entre elle et son époux. Il en avait fait un mari indulgent et, en raison de sa grande position, de ses richesses et de ses autres avantages mondains, il l'avait constamment mise à l'abri des mauvais effets des commérages qui n'étaient que trop souvent occupés par son nom. Lorsqu'elle était devenue veuve, elle l'avait pleuré très sincèrement, mais avait feint un chagrin plus grand qu'elle n'en avait réellement éprouvé. On découvrit qu'il avait laissé ses affaires dans un état embrouillé, et que la princesse s'était retirée dans ses domaines de campagne, pour essayer de mettre une sorte d'ordre dans leur gestion. Elle avait une fille unique, déjà mariée, qui devint l'objet de ses plus grands soins et affection. Quand le poste de conseiller en chef de la jeune épouse de Nicolas II. lui avait été offerte par l'un de ses anciens admirateurs, le baron Fredericks, alors déjà ministre de la Maison Impériale, elle avait saisi l'occasion avec empressement, y voyant une possibilité de rétablir, plus rapidement que par une stricte économie, son pays brisé. finances.

C'était une femme hautaine, égoïste et égocentrique qui se fit bientôt de nombreux ennemis, grâce à la désinvolture avec laquelle elle traitait tous ceux avec qui elle se trouvait en contact. Elle ne s'est jamais appliquée à enseigner à sa jeune maîtresse la difficile leçon de tenter de se rendre populaire, mais a au contraire essayé de lui inspirer les mêmes préjugés à l'égard des gens qu'elle n'aimait pas qu'elle entretenait elle-même. Elle était à peu près le pire conseiller qu'un souverain nouvellement marié pouvait avoir, et on ne peut que se demander pourquoi ce fait n'a pas été reconnu plus tôt qu'il ne l'était ; car il s'agissait finalement de savoir qui était la plus détestée, l'Impératrice ou sa Maîtresse des Robes.

La princesse Galitzyne devint cependant bientôt une puissance à la cour. Elle réussit à obtenir de larges subventions que les ministres des Finances successifs qui prirent la succession du comte Witte ne furent que trop heureux de lui accorder en échange de sa protection. Elle était avide et avare, cruelle et froide, et totalement dénuée de scrupules. Au Palais, elle était profondément détestée, mais personne n'osait dire un mot contre elle, car il était bien connu qu'elle pouvait éventuellement devenir une terrible ennemie de ceux dont elle pensait avoir des raisons de se plaindre.

La princesse mourut un an ou deux avant la grande guerre, et pendant quelque temps sa place resta vide, jusqu'à ce qu'elle soit enfin offerte à Madame Narischkine, amie intime de l'impératrice douairière et l'une des femmes les plus respectées de Saint-Pétersbourg. société.

Madame Narischkine était une femme bien différente de son prédécesseur. Elle était gentille, polie, aimable et hautement fondée sur les principes, ainsi que consciencieuse. Elle n'aurait jamais fait de mal à une mouche, et elle s'était toujours appliquée à faciliter la vie de tous les gens qui l'intéressaient.

Malheureusement, elle n'avait pas de sympathie pour l'impératrice Alexandra, et celle-ci ne put jamais se résoudre à la traiter avec la même familiarité qu'elle avait traité avec la princesse Galitzyne. Alors Madame Narischkine s'est opposée à Raspoutine, et bien sûr cela a suffi pour l'empêcher d'être une persona grata. La grande-duchesse Elizabeth ne se souciait pas non plus d'elle ; peut-être parce qu'elle sentait que la nouvelle Maîtresse des Robes ne l'avait jamais vraiment approuvée. Madame Narischkine était une femme très discrète, mais en même temps elle savait très bien faire savoir à des personnes qu'elle ne jugeait pas aptes à avoir des relations intimes avec elle ce qu'elle pensait d'elles. L'Impératrice ne l'aimait jamais, ce qui était bien dommage, et la traitait parfois avec une grande grossièreté et avec un étonnant manque de considération. Mais malgré ces difficultés dont sa route était semée, Mme Narischkine se comporta magnifiquement lorsque sonna l'heure du danger. Lorsque la Révolution éclata, elle se rendit aussitôt à Tsarskoï Selo et ne quitta jamais l'Impératrice pendant ces jours de douleur et d'inquiétude qui virent celle-ci faite prisonnière dans son propre palais. Elle se porta volontaire, malgré son âge avancé (elle a plus de soixante-dix ans), pour accompagner sa maîtresse en exil, mais la demande fut refusée par le gouvernement provisoire, et Madame Narischkine dut se soumettre, mais elle fut la dernière à dire bonjour. au revoir à l'Impératrice et aux jeunes Grandes-Duchesses avant qu'elles montent dans le train qui devait les emporter vers les solitudes de la Sibérie. Il est probable que si Madame Narischkine avait été dès le début avec la tsarine, bien des erreurs commises par celle-ci auraient été évitées. En fait, elle suivit les conseils que lui avait donnés la princesse

Galitzyne, et ce ne furent jamais des conseils sages, car la princesse, qui était née flatteuse, se gardait très soigneusement de ne jamais dire à Alexandra Feodorovna quoi que ce soit dont elle savait ou craignait qu'elle puisse lui déplaire. Sous sa direction, la malheureuse impératrice n'eut aucune chance de réussir à gagner l'affection de ses sujets. Outre la princesse, il y avait quatre demoiselles d'honneur attachées à la personne de la jeune tsarine. La première était la comtesse Lamsdorff, avec laquelle la souveraine ne pouvait s'entendre et pour laquelle elle prenait une violente antipathie. Puis vint la princesse Bariatinsky, qui, elle aussi, démissionna de ses fonctions avec un certain nombre de « fracas », et qui ne fit pas mystère du fait qu'elle ne supportait pas le manque de considération avec lequel elle était traitée. Une dame caucasienne, la princesse Orbeliani, prit sa place et réussit à conserver sa position difficile jusqu'à sa mort. Puis il y avait une princesse Obolensky, qui avait beaucoup de désagréments à supporter, mais qui acceptait tout avec une patience merveilleuse, grâce, disait-on, à son attachement pour les jeunes grandes-duchesses, filles de Nicolas II. Elle fait toujours partie de la famille impériale et les a accompagnés à Tobolsk, malgré l'opposition de sa famille qui aurait souhaité qu'elle quitte l'Impératrice. Il y avait aussi un autre personnage dans la maison qui y occupait une situation tout à fait privilégiée ; c'était mademoiselle Schneider, dont la tâche consistait à faire la lecture à la tsarine, et qui était la seule servante qu'elle avait amenée avec elle de Darmstadt. Mademoiselle Schneider pouvait entrer quand bon lui semblait dans les appartements de sa maîtresse. Elle était l'intermédiaire par lequel Alexandra Feodorovna communiquait avec ses proches en Allemagne, à qui elle avait toujours peur d'écrire par courrier, et elle était également la seule et unique personne avec laquelle l'Impératrice parlait allemand. Nous l'aimions tous parce qu'elle était une personne calme et sans prétention ; mais je ne prendrai pas sur moi de dire si elle a donné ou non au gouvernement allemand des informations qu'il aurait été préférable de ne pas divulguer. Il y avait encore un secrétaire particulier, chargé de s'occuper de la correspondance de l'impératrice et qui lui faisait chaque matin des rapports. Le poste fut occupé d'abord par le comte Lamsdorff, puis par le comte Rostavtsoff, et aucun de ces messieurs n'était tout à fait à la hauteur. Ils ne savaient pas comment intéresser la tsarine à leur travail, qu'ils accomplissaient de manière méthodique et dénuée de toute initiative. Parmi leurs tâches figuraient l'administration du portefeuille privé d'Alexandra et le contrôle de ses œuvres caritatives jusqu'au moment où elle l'assuma elle-même pendant la guerre du Japon. Cela faisait partie des privilèges du secrétaire particulier de payer les factures de l'Impératrice ou du moins d'en remettre le montant à la première femme de chambre, c'est-à-dire à moi-même. Le comte Lamsdorff payait tout ce que je demandais, sans la moindre hésitation, mais son successeur avait l'habitude de demander des explications et de faire ses commentaires, ce qui était parfois très ennuyeux. Les comptes privés de la tsarine étaient réglés le 22 de chaque mois, lorsqu'il fallait équilibrer et ajuster les dépenses des trente jours précédents. Elle était très pointilleuse à ce sujet et détestait avoir des dettes envers qui que ce soit. Mais en même temps, elle ignorait absolument le sens du mot économie, achetait et commandait tout ce qu'elle voulait sans se soucier de la manière dont ses dépenses seraient financées, et plus d'une fois j'ai dû faire appel, à son insu, au Tsar, et de lui demander de donner l'ordre de régler les factures de sa femme sans qu'elle s'en inquiète.

Chaque printemps et chaque automne, les modes à venir étaient présentées à l'Impératrice afin qu'elle puisse faire son choix. Elle avait habituellement une cinquantaine de robes pour chaque saison, comme j'ai déjà eu l'occasion de l'expliquer, mais chaque fois qu'un événement imprévu survenait, elle commandait des robes spéciales pour y faire face. Ses chapeaux étaient généralement fabriqués par Bertrand, une entreprise française de Saint-Pétersbourg ; elle en commanda environ vingt-cinq ou trente pour la saison estivale et plusieurs tuques de fourrure pour l'hiver. Elle aimait les chapeaux blancs, qu'elle portait souvent, et resta longtemps fidèle aux petits bonnets arborés par la reine Alexandra d'Angleterre dans sa jeunesse. Plus tard, elle se tourna vers de grands chapeaux, généralement abondamment garnis de plumes d'autruche. A propos de ces plumes, l'Impératrice était très pointilleuse. Le climat de Saint-Pétersbourg est si humide qu'il est presque impossible de garder ses plumes frisées en été, surtout à Peterhof, sur la côte de la Baltique, où la Cour passait habituellement les mois de juillet et d'août. Il fallait donc faire quotidiennement la garniture des chapeaux de l'Impératrice, et des messagers allaient quotidiennement à Saint-Pétersbourg porter à Madame Bertrand les différentes chapelleries ainsi que les boas de plumes d'Alexandra Feodorovna pour les rafraîchir et les arranger. .

En règle générale, la tsarine dépensait environ dix mille roubles par mois pour ses toilettes, et parfois même plus. Elle était extravagante, cela ne fait aucun doute, mais elle était alors impératrice de Russie et considérait que faire partie de ses devoirs était de paraître magnifiquement vêtue. L'Empereur aussi aimait la voir bien habillée, et surtout richement habillée. Cette dernière était facile, mais la première était plus difficile, à cause des idées particulières de ma maîtresse impériale au sujet de ses vêtements.

Lorsque sa maison fut organisée, elle reçut huit servantes pour s'occuper d'elle, dont deux devaient toujours être de service pendant le jour et deux pendant la nuit, lorsqu'elles devaient s'asseoir dans une chambre à proximité immédiate de l'Imperial. chambre à coucher, prête à être appelée en cas d'urgence. Dans l'ordre habituel des choses, ils auraient dû coiffer la tsarine matin et soir, mais celle-ci détestait avoir des mains différentes pour accomplir cette tâche, elle s'arrangea donc pour qu'un coiffeur vienne chaque jour lui arranger sa coiffure, ce qui n'était jamais très élaborée, sauf lors d'occasions officielles, lorsqu'un diadème devait être fixé dans ses cheveux. J'étais toujours présent quand elle s'habillait et se déshabillait. Il était de mon devoir de veiller à ce que tout ce qui concernait ses toilettes soit en ordre et à ce qu'il ne manque rien de ce dont elle avait besoin. Elle ne portait jamais deux fois la même paire de gants, mais aimait les vieilles chaussures et les pantoufles. Quant à ses bas, ils étaient de la plus belle soie et fabriqués spécialement pour elle par la maison Swears and Wells à Londres.

Ce système d'avoir huit servantes dura pendant une dizaine d'années, puis l'une d'elles mourut, et une autre demanda à être relevée de ses fonctions, et elles ne furent jamais remplacées. La tsarine pensa qu'il lui suffisait d'avoir six servantes, et elle abolit l'attente de nuit, qui avait toujours été si ennuyeuse pour les personnes qui y étaient concernées. Elle renvoyait ses servantes à onze heures, puis se retirait dans sa chambre, où elle lisait ou travaillait seule, mais n'avait plus besoin de présence, sauf au cas où elle se sentait malade ou si l'un de ses enfants était indisposé. Elle était exigeante, mais jamais injuste ni cruelle, et elle détestait être la cause de désagréments pour les autres. Au début, elle n'avait jamais osé changer quoi que ce soit aux coutumes de la cour de Russie, mais plus tard elle s'affirma et apporta de nombreux changements dans l'aménagement intérieur du palais, qui étaient tous pratiques et tendaient à l'amélioration de sa condition. de nombreux domestiques, qui pourtant ne lui montraient pas de reconnaissance pour son souci de leur bien-être, et qui, dans l'heure de son malheur, l'abandonnaient pour la plupart ou se tournaient avec empressement contre elle.

CHAPITRE X

LA CZARINE ET ST. SOCIÉTÉ DE PETERSBOURG

AU moment de son mariage, la société pétersbourgeoise était bien disposée envers ma malheureuse maîtresse, et il lui eût été facile de se rendre populaire. Malheureusement, comme je l'ai dit, elle avait un langage sarcastique et ne cachait pas ses goûts et ses aversions ; elle n'hésitait pas non plus à ridiculiser certaines coutumes auxquelles de vieilles et importantes douairières s'accrochaient avec obstination. Elle a toujours eu peur d'être considérée comme trop familière, car la famille impériale, dès le premier jour de son arrivée en Russie, lui avait inculqué l'avertissement que Saint-Pétersbourg n'était pas Darmstadt et que le libre et facile les manières d'une petite ville allemande ne seraient pas à leur place à la cour du puissant tsar de toutes les Russies. Elle était donc tombée dans l'autre extrême et s'était disciplinée pour être aussi raide que possible. L'impératrice Marie avait l'habitude de recevoir dans son boudoir particulier les dames qui lui demandaient audience et de les prier de s'asseoir à côté d'elle. Sa belle-fille se faisait un devoir de donner debout à son auditoire et de converser quelques minutes sans jamais offrir de chaise aux vieilles femmes qui avaient sollicité l'honneur d'être présentée à elle. Elle leur tendit froidement la main pour les baiser, ce qui les exaspéra encore davantage, et sa timidité naturelle, ajoutée à cet accueil raide, lui fit bien sûr de nombreux ennemis. Elle a commencé à être critiquée, et cela dans un esprit peu amical. Malheureusement, elle s'en rendit compte et cela l'opposa dès le début aux personnes avec qui elle aurait dû essayer de se lier d'amitié. Alors les ragots, et pour la plupart méchants aussi, firent leur œuvre, et toutes sortes d'anecdotes circulèrent sur le manque de bonté de la jeune impératrice. On l'accusait d'être sarcastique et de se moquer des vieillards que l'âge et les services passés auraient dû préserver du ridicule qu'elle était censée leur infliger. D'autre part, la tsarine eut l'imprudence d'exprimer publiquement son dégoût de ce qu'elle appelait les mœurs lâches de la société pétersbourgeoise. Elle essaya de se renseigner sur tous les commérages qui couraient dans la ville et déclara qu'elle allait réformer les mœurs de son empire, procédant en rayant de la liste des invitations à un bal de cour les noms de toutes les femmes censées à tort ou à raison y participer. J'ai eu une sorte de flirt. Il en résulta qu'à ce bal, presque aucune femme ne se présenta, à l'exception des mères avec des filles à amener, et que tout Saint-Pétersbourg se souleva contre son impératrice. Il fut décidé de la boycotter, ce qui fut fait, et il fut demandé à l'Impératrice Mère d'intervenir et d'expliquer à sa belle-fille que ce n'était pas son affaire de stigmatiser d'une quelconque manière les noms des dames à l'égard desquelles aucun scandale ouvert n'a jamais eu lieu. L'incident prit de telles proportions qu'on demanda au tsar d'intervenir et il décida qu'à l'avenir la liste des invitations aux festivités de la Cour serait soumise à sa mère et non à sa femme, qui était encore trop étrangère en Russie pour le savoir. qui devrait ou ne devrait pas être invité au Palais d'Hiver.

Comme on peut l'imaginer, le petit incident que je viens de raconter ne tendit pas à améliorer les relations entre la jeune tsarine et la douairière, et la popularité de la première en souffrit considérablement. Au Nouvel An qui suivit cette mémorable tempête dans une tasse de thé, les dames de Saint-Pétersbourg se décidèrent à ne pas paraître à la grande réception qui suivit le service divin au Palais d'Hiver, réception au cours de laquelle la société de la Cour offrait ses vœux de nouvel an aux souverains. Ainsi, environ quatre d'entre elles, qui en raison de la position officielle de leur mari ne pouvaient s'absenter, étaient les seules à assister à la cérémonie. Cette absence *massive* ne pouvait qu'être remarquée, et bien sûr la tsarine en était offensée. Mais elle ne pouvait réagir autrement que passivement, ce qu'elle fit en évitant à l'avenir de se montrer en public, en supprimant également les audiences et même le bal qui était considéré comme un événement incontournable de chaque saison hivernale dans la capitale russe. Cette manière de manifester son mécontentement ne fit qu'ajouter, comme il fallait s'y attendre, à l'amertume des sentiments qu'elle avait inspirés, et bientôt les dames du monde désertèrent Saint-Pétersbourg pour la Riviera ou Paris, où elles se sentaient plus heureuses et plus à l'aise qu'en France. leur propre pays. L'une après l'autre, les grandes maisons, qui rivalisaient autrefois avec la Cour elle-même par la splendeur de leurs divertissements, fermèrent leurs portes, et la « Palmyre du Nord », comme on appelait autrefois la capitale des Tsars, devint l'une des plus tristes. villes du monde entier.

Il y avait des gens qui tentaient de remontrer à ma maîtresse cette retraite dans laquelle elle persistait à vivre. On lui a dit qu'il lui serait relativement facile de retrouver une partie de sa popularité perdue si seulement elle permettait aux gens de manger, de boire et de s'amuser en sa présence. Alexandre III, lui aussi, avait détesté la société et préférait sa bien-aimée Gatschina à toutes ses autres résidences, mais il avait rempli les devoirs sociaux qu'on attendait de lui, et pendant son règne il n'avait pas existé dans toute l'Europe une institution plus brillante. Cour que celle de la Russie. Il a été conseillé à sa belle-fille de suivre son exemple à cet égard. Mais elle ne le ferait pas.

Je me souviens qu'un jour, alors que nous discutions de la question de savoir quel genre de nouveaux vêtements elle voudrait pour l'hiver prochain, je lui ai fait remarquer qu'elle devrait commander plus de robes de soirée qu'elle n'en avait commandé. L'Impératrice m'interrompit en me disant qu'elle n'avait pas l'intention d'en avoir davantage, parce qu'elle n'en aurait pas besoin. J'ai alors observé que ce serait une grande déception pour les nombreuses jeunes filles sur le point de faire leur première apparition dans le monde si aucun bal de cour n'était donné. Alexandra Feodorovna se mit en colère et, se levant avec impatience, s'écria : « Je ne comprends pas pourquoi on attend de moi que j'amuse tous les enfants idiots que leurs parents mettent au monde. »

Service cinématographique international

PARC DU PALAIS IMPÉRIAL À TZARSKOIÉ SÉLO

Heureusement pour elle, personne n'était présent lorsqu'elle céda à cet accès de colère, mais on peut imaginer comment cela aurait été commenté par l'un de ses nombreux ennemis s'il avait eu le hasard de l'entendre. Cet état d'antagonisme (car on ne peut guère lui donner un autre nom) qui existait entre Alexandra Feodorovna et la haute société de sa capitale ne s'est pas étendu à d'autres endroits. En Crimée, elle aimait être entourée de monde, comme je l'ai déjà raconté, et elle donnait même des danses à ses filles. Mais bien que la grande-duchesse Olga eût atteint sa dix-huitième année durant l'hiver qui précéda le déclenchement de la grande guerre, sa mère ne tenta pas d'inviter personne au palais de Tsarskoï Selo pour l'amuser. L'impératrice douairière dut organiser quelques divertissements dans son propre palais Anitschkoff pour le bénéfice de sa petite-fille, mais chaque fois qu'elles étaient invitées à y assister, il y avait une explosion de chagrin de la part de leur mère qui gâchait complètement leur plaisir. La tsarine avait une peur morbide des langues acerbes des dames de la capitale, et elle s'attendait toujours à ce que ses filles soient soumises au même genre de critiques qu'elle avait été si généreusement adressées à elle-même. C'est contre cela qu'elle souhaitait les protéger. L'idée était erronée, car tout le monde admirait et aimait ces filles gracieuses, qui avaient toujours un mot aimable pour celles qu'elles rencontraient, et qui semblaient si heureuses et si ravies chaque fois qu'elles avaient l'occasion de s'amuser comme toutes les autres filles de leur âge. .

La seule personne qui, à un moment donné, posséda dans une mesure limitée la confiance de la tsarine, la grande-duchesse Anastasia, épouse du grand-duc Nicolas, essaya, sans succès, de lui faire regarder les gens avec plus d'indulgence, et pas d'une manière si morbide. Ma maîtresse n'entendit pas raison et déclara enfin qu'il était inutile d'être impératrice de Russie si l'on ne pouvait pas faire ce qu'on voulait, et que tout ce qu'elle désirait était le privilège d'être laissée seule et autorisée à jouir sans restriction de son plaisir. goût de la solitude.

A cet égard, l'Impératrice n'était certainement pas tout à fait normale, et elle souffrait parfois de ce qu'on appelle la manie de la persécution. À l'étranger, on a attribué son état anormal à la peur de la révolution, dont le spectre était censé la hanter constamment. Il n'en était pourtant rien, car bien avant qu'on ait eu l'idée que la révolution puisse éclater, ma maîtresse était déjà affectée par cette étrange peur de voir des étrangers s'approcher d'elle. Le fait est qu'elle était devenue morbide, à cause de l'aversion latente qu'elle savait trop bien qu'on éprouvait à son égard, et qui l'inquiétait au point qu'elle se sentait dégoûtée du monde en général et en était arrivée à la conclusion que ce n'était pas la peine d'essayer de le concilier, mais que la meilleure chose à faire était d'éviter d'en voir trop.

On a longuement parlé de ses goûts pour l'occultisme et le spiritisme, et on a dit qu'elle cherchait une consolation de malheurs imaginaires dans les pratiques des tables tournantes et autres bêtises du même genre. Malheureusement, cela était vrai dans une certaine mesure, car il est triste de constater que l'Impératrice aimait rester assise à table pendant des heures dans l'espoir que les gens commenceraient à se retourner, et elle croyait fermement que les gens pouvaient revenir de l'autre monde et se manifester. à leurs amis. Mais ce que l'on sait moins, c'est que c'est le grand-duc Nicolas, futur généralissime des armées russes, qui l'y engagea le premier. C'est lui qui amena au palais du Tsarskoï Selo un homme nommé Philippe, qui se disait un médium puissant et qui inspira certainement à la tsarine une grande confiance. Pendant un an ou deux, il resta favorable, puis fut renvoyé tout à coup parce qu'il avait été découvert par hasard, mais si complètement que même Alexandra Feodorovna ne put le défendre.

Certains ont dit que ce n'était pas sans intention malveillante que le grand-duc Nicolas avait introduit ce dangereux personnage à Czarskoi Selo. On a dit qu'il voulait provoquer un scandale afin que l'Impératrice soit déclarée, sinon complètement folle, du moins atteinte de mélancolie et mise sous contrainte. Elle était déjà à cette époque soupçonnée de tendances et de sympathies allemandes et censée influencer son mari en faveur de l'Allemagne et d'une alliance allemande. Le grand-duc Nicolas était un fervent partisan d'une union étroite avec la France et, bien sûr, il considérait que ma pauvre maîtresse était un obstacle à ses vues, aussi aurait-il été ravi si survenait une circonstance qui l'aurait mise de côté. Il fut certainement le moyen par lequel l'Impératrice acquit ses goûts étranges pour tout ce qui touche à l'occultisme, et il fut aussi le premier à attirer l'attention du public et de la famille impériale sur cette particularité, et à insister sur les dangers que cela représente. il a présenté. Le fait est que la tsarine était le seul obstacle que les grands-ducs et leur parti rencontraient dans la réalisation de leurs projets de prendre sous leur protection et de maintenir sous leur pouvoir le faible d'esprit Nicolas II, qui, on le savait trop, eh bien, il adoptait toujours l'opinion de la dernière personne qui lui avait parlé et était incapable de prendre une décision de son propre chef. L'Impératrice, grâce à sa présence permanente, avait les meilleures chances de se faire entendre et écoutée, et par conséquent elle représentait un formidable danger pour les ambitions de ces hautains Romanov qui aspiraient, sinon à détrôner, du moins de garder entre leurs mains ce faible neveu, si dépourvu d'initiative.

Au cours des deux ou trois dernières années qui précédèrent la guerre, ces différentes intrigues avaient pris un caractère tout à fait dangereux, et lorsque survint l'incident Raspoutine, elles ne firent que croître en intensité. L'impératrice devint l'unique grande ennemie, à la destruction de laquelle beaucoup s'appliquèrent avec d'autant plus d'énergie qu'elle commença à faire ce qu'elle avait soigneusement évité auparavant : s'intéresser à la politique et l'étudier attentivement, afin de pouvoir conseiller son mari au milieu des difficultés croissantes de la situation politique internationale en général. Le grand-duc Nicolas, qui dirigeait la faction ayant pour but de destituer Alexandra Feodorovna, n'a épargné aucun moyen pour détruire son influence et pour ruiner sa réputation de souveraine et de femme. Il réussit en partie, comme nous l'avons vu, mais en même temps il contribua à la chute de sa propre dynastie et à la ruine de son pays. C'est un fait triste mais certain que la famille impériale russe n'a jamais compris le sens du mot « solidarité », et c'est peut-être grâce à son défaut que le chef de la maison Romanoff a été envoyé en exil et que sa race a été privée. du trône que Pierre le Grand et Catherine II. avait si glorieusement occupé.

CHAPITRE XI

LA TSARINE ET SA BELLE-MÈRE

J'AI entendu dire que de nombreux récits différents ont circulé concernant les relations de ma maîtresse avec l'impératrice douairière. Il est inutile de prétendre qu'ils étaient agréables, mais, d'un autre côté, aucune des deux dames ne laissait libre cours à des manifestations ouvertes d'hostilité, quoi qu'elles aient pu penser au fond de leur cœur. Pendant les premiers mois qui suivirent le mariage du tsar, les choses se passèrent sans problème, car il était impossible de montrer à personne plus de déférence qu'Alexandra Feodorovna n'en témoignait à l'égard de sa belle-mère. Mais celle-ci était encore trop jeune pour se soucier d'être soudainement appelée à jouer le second rôle, et elle manquait du pouvoir qu'elle avait exercé sur Alexandre III, qui la consultait sur tout ce qu'il faisait. Elle avait eu une énorme influence sur lui et, à vrai dire, sur tout le cours des affaires de Russie, mais elle l'avait exercée avec un tel tact et si secrètement qu'on ne s'en était jamais douté ; au contraire, l'Impératrice avait été décrite comme une femme frivole qui ne s'intéressait qu'à la tenue vestimentaire, aux danses et aux fêtes. En ce qui concerne l'épouse de Nicolas II. les choses étaient très différentes. Elle est arrivée en Russie avec la réputation d'une femme intelligente, avec des opinions bien arrêtées, et a bien sûr trouvé le public prêt soit à les accepter, soit à susciter une opposition contre elle. Les princesses allemandes n'étaient pas appréciées et on avait espéré que l'héritier du trône éviterait de choisir une épouse dans une cour allemande. L'impératrice douairière était danoise de naissance, ce qui avait certainement contribué à la grande popularité qu'elle avait immédiatement acquise. Il y avait derrière elle un parti puissant, tout prêt à la soutenir contre sa belle-fille, et, malheureusement, celle-ci en était informée, ce qui avait pour effet de la mettre en garde contre tout conseil qu'elle recevait de milieux qu'elle soupçonnait. d'intriguer contre elle. Comme je l'ai déjà dit, si l'empereur et sa jeune épouse avaient pu dès le début créer leur propre établissement, peut-être que les choses ne se seraient pas si mal passées, et je me suis souvent demandé pourquoi cela n'avait pas été fait. L'immense Palais d'Hiver étant vide, ou presque, il n'aurait pas été difficile d'aménager quelques appartements pour les nouveaux mariés, jusqu'à ce que ceux qu'ils occuperaient définitivement soient prêts. Il y avait les chambres qui avaient été occupées par l'impératrice Marie Alexandrovna et qui, à peu de frais, auraient pu être rendues habitables en quelques jours. Ils auraient au moins constitué un établissement digne d'un souverain, tandis que les deux petits cabinets (car on ne peut guère les appeler autrement) qui étaient attribués à Nicolas II. et sa femme au rez-de-chaussée du palais Anitschkoff, étaient si inappropriés, si laids et si inconfortables qu'il n'est pas étonnant que cette dernière se soit sentie déprimée tout le temps qu'elle a été obligée de les occuper. Alors, comme je l'ai dit, les domestiques bavardaient et répétaient à l' impératrice douairière tout ce que faisait sa belle-fille, ce dont celle-ci s'aperçut par les propos que lui faisait la dame aînée, et le résultat fut le plus désastreux. L'arrivée des enfants, dont l'avènement obligea Alexandra Feodorovna à créer une crèche, qu'elle essaya de modeler sur celles qu'elle avait vues en Angleterre, n'améliora pas les conditions déjà tendues, car, au fur et à mesure que les filles apparaissaient, Marie Feodorovna a commencé à penser que sa belle-fille ne donnerait jamais d'héritier au trône et à considérer son deuxième fils Michel comme le futur empereur. C'était du fiel et de l'absinthe pour ma maîtresse, qui s'en plaignait souvent, et, lorsqu'elle m'avait mis dans ses confidences, se plaignait du manque de considération avec lequel sa belle-mère lui faisait sentir qu'elle n'était rien et qu'elle n'avait rien à voir avec elle. elle ne remplit pas le devoir qu'on attendait d'elle, celui de fournir à la Russie de futurs empereurs. D'autres raisons parvenaient encore à ajouter à cet état d'irritation latente qui s'était établie au sein de la famille impériale. Il y avait la question des joyaux de la couronne ; de l'ordre dans lequel les noms des deux impératrices devaient être introduits dans la liturgie de l'église ; et bien d'autres, petits et grands. La douairière était beaucoup trop délicate pour se plaindre des relations domestiques de son fils, mais elle parvint à laisser deviner ses sentiments à ce sujet et se mit à passer de plus en plus de temps au Danemark, ce qui après tout était peut-être la meilleure chose à faire. elle aurait pu le faire.

Service cinématographique international

GRAND-DUC MICHEL

La guerre japonaise la ramena cependant en Russie, et c'est au cours de cette guerre que se produisit le seul grand événement dans la vie d'Alexandra Feodorovna : la naissance de son fils unique.

Grandes furent les réjouissances lorsque ce petit garçon fit son apparition dans un monde qui ne devait pas se montrer trop clément envers lui, comme nous le savons tous. Son avènement a cependant troublé la sérénité de plusieurs personnes, tout en suscitant l'espoir d'autres. D'une part, le grand-duc Michel, frère unique du tsar, perdit toute l'importance qu'on lui avait accordée aux yeux du public en tant qu'héritier éventuel du trône de Russie. Cela enlevait aussi un peu de celui de sa mère, qui était censée exercer un contrôle considérable sur lui, et bien sûr les sentiments de cette dernière à ce sujet étaient très mitigés, car même si d'un côté elle ne pouvait que se réjouir de voir la succession était assurée en ligne directe, mais d'un autre côté, elle s'était habituée, comme beaucoup d'autres, à l'idée que son fils aîné ne deviendrait jamais père d'un garçon, et qu'il lui fallait un certain temps avant de pouvoir obtenir habitué aux changements qu'avait provoqués la naissance du petit Alexis.

De plus, la jeune Impératrice, se sentant enfin assurée de sa propre position, commença à s'affirmer bien plus qu'elle ne l'avait jamais fait auparavant, et elle essaya de gagner des partisans. Malheureusement, elle les cherchait parmi des gens qui se révélèrent par la suite être ses pires ennemis, et la liberté qu'elle croyait avoir acquise de vivre sa propre vie sans aucun égard aux entraves de l'étiquette ou de toute autre considération, transforma l'aversion qu'elle avait jusqu'alors inspirée. en quelque chose qui s'apparente beaucoup à la haine.

Son fils s'est révélé être un enfant délicat, et lorsque le fait a été connu, il a éveillé les espoirs du parti hostile à Alexandra et élevé ceux du peuple attaché à la fortune du grand-duc Michel. Sa belle-sœur, lorsqu'elle s'en aperçut (et il n'y avait que trop de gens désireux de l'en informer), commença à son tour à détester le grand-duc et à réfléchir au moyen de se débarrasser de lui. Selon le statut familial des Romanov, il aurait été régent de l'Empire au cas où le tsar serait mort avant que son héritier ait atteint la majorité, et l'impératrice, dans ce cas, aurait été plus ou moins soumise à lui et à tous les ordres qu'il aurait jugé nécessaire de lui donner. Très probablement, la première chose qu'il aurait faite aurait été de la priver de la garde de son fils et d'entourer ce dernier d'hommes de son choix. La simple pensée d'une telle éventualité rendait Alexandra Feodorovna folle, alors lorsque le Grand-Duc contracta le mariage morganatique qui lui attira la colère de son frère, elle saisit l'occasion pour tenter de se débarrasser une fois pour toutes d'un personnage qu'elle considérait comme son pire ennemi.

À vrai dire, le pauvre Michael n'avait jamais été son ennemi, même s'il avait pu désapprouver certaines de ses actions. La seule chose qu'il demandait, c'était de rester seul avec la femme qu'il avait choisie et épousée contre l'opposition du monde entier et de toute sa famille, à commencer par sa mère. C'était une dame de naissance, épouse d'un de ses frères officiers d'un régiment de cuirassiers cantonné à Gatchina. Le Grand-Duc avait été attiré par elle principalement en raison de son apparence sympathique et de la patience avec laquelle elle avait écouté le récit de son affection pour une des demoiselles d'honneur de sa sœur Olga dont il avait été passionnément amoureux et qu'il avait souhaitait se marier. La romance fut rapidement étouffée dans l'œuf par l'intervention de l'impératrice douairière et la jeune femme partit à l'étranger avec l'injonction stricte de ne pas retourner en Russie jusqu'à nouvel ordre. Le grand-duc avait été très mécontent, mais il s'était soumis et avait raconté ses torts aux oreilles de Mme Wulfert. Cette dernière était une femme charmante, mais elle avait eu un premier mari, dont elle avait divorcé avant d'épouser l'actuel. Cela seul l'aurait rendue indésirable comme épouse pour le frère unique du tsar, et lorsque son union avec le capitaine Wulfert fut également dissoute, grâce aux relations qui s'étaient établies entre elle et le jeune grand-duc, ce caractère indésirable s'est encore accru. accentué. Mais elle avait donné naissance à un fils et était en outre une personne d'un attrait considérable et d'une intelligence inhabituelle. Michael comprit qu'il ne pouvait pas vivre sans elle et l'épousa à Vienne, sans demander la permission à personne, attirant ainsi sur lui la colère de tous ses proches.

L'Empereur, cependant, aurait été enclin à laisser passer toute cette affaire, ou du moins à faire comme s'il l'ignorait. Mais ni sa mère ni sa femme ne voulaient en entendre parler. La première souhaitait qu'une sorte de châtiment soit infligée à son fils rebelle, et la seconde décida que ce châtiment serait des plus rigoureux. Elle persuada le tsar faible d'esprit de mettre son frère sous contrainte et de lui faire ce qu'on appelle en Angleterre un pupille de la chancellerie, assumant lui-même sa tutelle et le privant de la gestion de la grande fortune qu'il avait héritée du tsar Alexandre III. . Cela le rendait bien sûr inéligible au poste de régent en cas de mort de l'empereur, et c'était ce que visait la tsarine. Bien sûr, elle avait tort, et si respectueux que j'étais envers elle, je n'ai pu m'empêcher un soir, où elle avait abordé le sujet d'elle-même, en lui disant que je pensais qu'elle avait commis une grave erreur en prenant une part aussi décisive à le châtiment de son beau-frère, et qu'il eût été plus politique de sa part de rester en dehors de l'affaire et de laisser la question se régler entre le tsar et l'impératrice douairière, qui, après tout, étaient les seules personnes concernés par cela. Ma maîtresse écouta en silence mes paroles, puis s'écria soudain avec une violence inhabituelle : « Il le fallait ; Je devais le faire; il voulait me séparer de mon fils ; il a dû être mis à l'écart ! Il n'y avait rien à répondre à cet éclat, mais je ne pus m'empêcher de regretter que l'Impératrice se soit laissée influencer par de faux rapports, et que son bon sens ne l'ait pas emporté et ne l'ait pas empêchée de se compromettre si ouvertement dans cette affaire. Mes pressentiments, hélas, se sont avérés vrais, car la première personne qui fut furieuse contre la tsarine pour le rôle qu'elle avait joué dans toute cette histoire fut l'impératrice douairière, qui n'avait pas souhaité que les choses aillent si loin et qui devina tout de suite les véritables raisons qui avaient poussé sa belle-fille. La rupture entre les deux dames s'élargit en conséquence considérablement, et comme ma maîtresse devenait de plus en plus adonnée à ces pratiques superstitieuses qui prouvaient son fléau, Marie Feodorovna trouva de véritables raisons de la critiquer, de sorte qu'il devint enfin un fait reconnu que Le pire adversaire de l'Impératrice était sa propre belle-mère.

Je suis sûr que cette dernière aurait regretté si elle avait su à quel point les relations tendues qui existaient entre elle et la femme de son fils étaient évoquées en public. Elle possédait bien plus de dignité qu'Alexandra Feodorovna et avait en outre été élevée dans de vieilles traditions impériales inconnues de sa belle-fille. Mais elle ne l'aimait pas, et d'autre part, ce sentiment de dignité auquel je viens de faire allusion souffrait de voir la vie domestique de son enfant, un enfant qui était aussi son Souverain, ridiculisée par tout le monde, et lui faisant être méprisé encore plus que détesté. Constatant que la guerre ne lui permettait pas de se rendre dans son bien-aimé Danemark, elle se retira finalement à Kieff, où la Révolution la trouva, et d'où elle se rendit à Livadia, en Crimée, où elle se trouve encore aujourd'hui. Quand je réfléchis à ces choses, il me semble que toutes ces frictions, qui se sont finalement révélées bien plus importantes qu'elles ne paraissaient au premier abord, auraient pu être évitées, au moins en partie, si la jeune impératrice s'était retenue dans ses choix. l'expression de ses sentiments. Mais elle était trop franche, trop honnête, trop vraie pour pouvoir jouer une comédie, et la diplomatie était un art qui lui était totalement inconnu. Elle n'avait pas été entraînée à la dissimulation, et elle méprisait cette atmosphère de cour où un frein à la pensée et à la parole était indispensable. À certains égards, elle était une enfant, avec toute l'impulsivité d'un enfant et sa belle indifférence aux jugements et aux appréciations du monde, et cette innocence de son esprit et de son cœur ne lui permettait pas de résister aux intrigues qui l'entouraient. Elle n'avait personne pour l'aimer, à part ses enfants, et un mari qui n'était pas assez fort pour la protéger contre les attaques, et qu'au fond de son cœur elle devait secrètement mépriser, comme il méritait de l'être, car, tandis qu'un Homme aimable et bon, il n'était pas fait pour être souverain et ne pouvait pas plus contrôler sa propre conduite qu'il ne pouvait contrôler le destin de la nation sur laquelle le destin lui avait confié la direction. Il n'avait absolument aucune initiative et aucune force de caractère. Aucun effort de ses parents ou de ses tuteurs dans sa jeunesse n'avait pu changer son indolence naturelle et sa disposition à accepter et à approuver comme siennes les idées et les opinions de tous ceux à qui il parlait, même si elles différaient diamétralement de celles avec qui il parlait. s'était lui-même exprimé précédemment.

CHAPITRE XII

LES OCCUPATIONS QUOTIDIENNES DE LA TSARINE

ON M'A souvent demandé ce que faisait la tsarine de ses journées et s'il était vrai qu'elle les passait dans une oisiveté absolue. Et tout aussi souvent, je me suis demandé ce qui avait pu donner lieu à une telle opinion. L'Impératrice était au contraire une de ces femmes industrieuses dont les mains ne sont jamais en repos et qui ont besoin d'être toujours occupées d'une manière ou d'une autre, soit mentalement, soit à quelque travail manuel qui maintient leur attention concentrée sur ses subtilités. A Darmstadt, les princesses étaient dressées à confectionner elles-mêmes leurs vêtements et à se servir elles-mêmes, et un des grands plaisirs de ma maîtresse était de broder, couper et confectionner les différents objets composant la layette et la garde-robe de ses enfants. Comme je l'ai déjà raconté, elle avait essayé de créer à Czarskoi Selo une guilde de travaux d'aiguille, mais ses efforts dans cette direction ne rencontrèrent aucune réponse enthousiaste. Cependant, jusqu'à son départ, il y avait dans le Palais où elle avait élu domicile une chambre réservée à l'usage des dames qui venaient travailler à certains jours et à certaines heures aux vêtements pour les pauvres qui étaient distribués aux indigents. de Czarskoi Selo et de Saint-Pétersbourg au moment de Noël. Lors de la guerre du Japon, une salle de travail régulière fut établie au Palais d'Hiver et ne ferma jamais, car elle devint le centre de l'activité de l'Impératrice dans le domaine de la confection de vêtements pour les pauvres. Aucun souverain n'avait jamais pensé à quelque chose de pareil en Russie, et bien sûr l'action d'Alexandra Feodorovna à cet égard a été largement discutée, et tandis que beaucoup de gens l'ont applaudie pour l'initiative qu'elle avait prise, d'autres ont trouvé qu'elle n'était pas digne pour une impératrice russe pour couper des flanelles et tricoter des bas, même pour les pauvres. Ils auraient aimé qu'elle dépende d'autrui pour ses œuvres caritatives, comme l'avaient fait ses prédécesseurs. En fait, en cela comme en bien d'autres choses, elle ignorait les traditions qui régissaient tout ce qui se passait dans les palais des tsars, ce qui, bien entendu, lui causait du ressentiment. Mais la population pauvre de la capitale apprit à bénir le nom de l'Impératrice et lui en fut un temps reconnaissante, jusqu'aux jours de la première Révolution, où tout ce qui la concernait se teinta de cette impopularité qui s'était attachée à son nom. .

L'Impératrice était une grande lectrice, mais seulement de livres sérieux, et les livres scientifiques étaient ses préférés. Elle ne s'intéressait pas à l'histoire, qui, franchement, l'ennuyait, car elle ne pouvait pas s'intéresser aux paroles et aux actes de personnes décédées depuis longtemps. Mais la science la captivait et tous les ouvrages publiés en anglais, en français et en allemand sur l'astronomie, les mathématiques et l'histoire naturelle étaient lus par elle avec avidité. Elle admirait énormément « L'Origine des espèces » de Darwin et eut un jour une bataille acharnée avec son père confesseur, qui lui reprochait de garder un ouvrage aussi dangereux dans ses appartements. L'astronomie était également l'un de ses passe-temps, et elle l'expliquait à ses enfants chaque fois qu'elle en trouvait l'occasion ou l'occasion.

Elle brodait à merveille et réalisait des ornements d'église qui auraient facilement remporté un prix dans n'importe quelle exposition. Mais son grand amusement était le dessin de caricatures qu'elle exécutait avec un talent incroyable, ayant le don de saisir le côté drôle de chaque chose ou de chaque personne sur laquelle elle essayait son crayon. Ce talent lui causait cependant beaucoup de contrariété, car les gens dont elle s'emparait des ridicules en prenaient conscience et en étaient naturellement profondément offensés, en particulier les membres de la famille impériale, qui, plus que tous les autres, avaient le malheur de tomber sous son crayon satirique.

Service cinématographique international

GRANDE-DUCHESSE OLGA

Si elle avait eu la prudence de ne pas montrer ses croquis à des amis, cela n'aurait pas été si grave, mais elle aimait au contraire les exposer, et le faisait sans la moindre discrimination, de sorte qu'elle s'est méritée le réputation d'être une femme méchante et malveillante, ce qui était loin d'être le cas. L'impératrice a essayé de développer l'amour de la musique chez ses enfants et a grandement réussi avec sa fille aînée, la grande-duchesse Olga, qui avait un talent vraiment merveilleux pour le piano. Elle savait composer des airs sauvages et mélodieux, imprégnés de cette tristesse russe et slave qui est latente dans tous les caractères du Nord. Je me souviens d'un jour de mai dernier où, entrant à l'improviste dans l'appartement où étaient assises les jeunes grandes-duchesses, j'étais fasciné par le jeu d'Olga, qui semblait mettre dans sa musique toute l'angoisse et l'inquiétude de son âme. Les choses étaient alors sombres. La possibilité de voir échangée la prison de Czarskoi Selo contre une autre se profilait déjà à l'horizon, et la jeune fille épanouie qui devait être envoyée aux horreurs et à la solitude d'un terrible exil exprimait ses sentiments dans les accents étranges qui elle s'abandonnait à la musique avec laquelle elle essayait d'apaiser ses sentiments troublés.

Malgré son goût pour la musique, l'Impératrice allait rarement à l'Opéra. Elle détestait se montrer dans la grande loge où l'étiquette l'obligeait à s'asseoir, et elle n'aimait pas celle qui était commune à tous les membres de la famille impériale. De sorte que même pendant les premières années de son mariage, alors qu'elle passait chaque hiver quelques semaines à Saint-Pétersbourg, elle se montrait rarement dans aucun théâtre, pas même à la pièce française, où c'était presque une obligation. , depuis des temps immémoriaux, pour que les souverains s'y rendent chaque samedi.

Elle s'était fait un devoir d'étudier la langue russe, mais n'avait jamais vraiment appris à la parler, et ne s'était jamais débarrassée d'un accent allemand très fort, au son rauque, qui ajoutait à son désagrément général. L'Impératrice n'avait pas une voix agréable ni harmonieuse, et comme elle en était consciente, elle essayait de surmonter cet inconvénient en parlant à voix très basse, si basse même qu'il était parfois difficile de l'entendre. Elle s'impatientait alors et interrompait la conversation, au grand désarroi de ses interlocuteurs. Au cours des dernières années, elle était devenue légèrement sourde, ce qui ajoutait aux difficultés.

Son incapacité à parler russe déplaisait naturellement, mais je me suis toujours demandé pourquoi on lui en tenait si vivement compte, sachant que sa belle-mère non plus ne l'avait jamais appris, ce qui ne l'avait pas empêchée de devenir populaire. Il s'agissait encore une fois de « donner une mauvaise réputation à un chien et de le pendre ».

L'Impératrice entretenait une vaste correspondance avec ses proches dans toute l'Europe. En Angleterre, où elle a grandi, elle avait aussi des amis avec lesquels elle aimait échanger ses impressions et ses pensées, et à son frère elle écrivait quotidiennement. Elle avait une écriture très distincte, claire et lisible, et sa signature était exceptionnellement grande. Sauf dans les documents officiels, elle utilisait toujours le nom « Alix » au lieu d'Alexandra, et l'Empereur, dans l'intimité de leur vie de famille, l'appelait « Alice ». Elle s'occupait généralement de sa correspondance l'après-midi après sa promenade quotidienne avec l'Empereur, et dès qu'on lui apportait sa tasse de thé à cinq heures, elle s'arrêtait d'écrire, même si elle était en pleine lettre. À cet égard, elle était tout à fait extraordinaire. Les choses devaient être faites à une certaine heure, et sinon, il fallait les remettre au lendemain. Elle n'aurait pour rien au monde sacrifié cinq minutes du temps imparti à autre chose pour terminer ce qu'elle était en train de faire en ce moment.

À Czarskoi Selo, elle possédait une jolie chambre pleine de fleurs où elle avait son bureau, un merveilleux spécimen de l'art français du temps de Louis XV. A côté se trouvait une petite table où elle jetait les feuilles sur lesquelles elle venait de finir d'écrire, jusqu'à ce que toutes ses lettres soient terminées, puis elle les prenait et les mettait dans leurs enveloppes. Cela l'amenait parfois à confondre une lettre avec une autre et lui causait des ennuis lorsque des personnes recevaient des missives qui ne leur étaient pas destinées. Du vivant de la reine Victoria, l'impératrice lui écrivait régulièrement chaque semaine, mais cela ne lui importait pas beaucoup et disait que c'était un devoir qu'elle aurait préféré ne pas se voir imposer. À Noël et au Nouvel An, elle adressait régulièrement ses meilleurs vœux aux autres souverains européens qu'elle connaissait personnellement.

Dans cette pièce que je viens de décrire, tendue de persiennes claires et brillantes, rappelant une chambre anglaise, et qui renfermait des meubles à la fois confortables et coûteux, l'Impératrice ne traitait que sa correspondance privée. Tous ses écrits officiels se faisaient dans une petite bibliothèque ouverte sur son salon, où se trouvait une grande table à écrire laide et pratique, avec d'innombrables casiers, où elle avait l'habitude de s'asseoir lorsque son secrétaire particulier lui présentait ses rapports quotidiens. C'est à cette table qu'elle faisait ses comptes et s'occupait de toutes ses affaires, et c'est ici aussi qu'elle établissait le programme de ses travaux publics, réceptions, visites d'institutions charitables, etc. Elle avait des habitudes très ordonnées et soignées, et savait tout de suite où elle avait mis tel ou tel papier. Je ne pense pas qu'elle aurait pu tolérer le désordre sous quelque forme que ce soit autour d'elle, et elle avait l'habitude de parcourir ses nombreux tiroirs et armoires chaque mois, alors qu'elle s'attendait à trouver chaque chose à l'endroit où elle l'avait ordonné. mettre. Toutes ses dentelles, dont elle possédait une merveilleuse collection, étaient conservées dans une armoire à part, dont j'étais seule à avoir la clé. L'Impératrice elle-même en possédait un double, comme elle en possédait toutes ses malles, armoires et armoires, et elle s'y accrochait comme une vraie ménagère allemande, et ouvrait parfois à l'improviste l'un ou l'autre de ces récipients pour s'assurer qu'ils étaient bien réels. maintenu en ordre. Je me souviens d'un exemple amusant de cette manie. Lors de son mariage, l'impératrice reçut parmi ses cadeaux de mariage une belle table à écrire sertie de cristal et d'or avec son monogramme et l'aigle russe sur le dessus de l'encrier. Pendant quelques années, elle l'utilisa toujours, jusqu'au jour où l'empereur remarqua qu'il y avait une certaine inexactitude dans les armoiries des Romanoff qui ornaient le buvard, et il offrit aussitôt à sa femme un autre ensemble de table à écrire bien plus beau. , un chef-d'œuvre du savoir-faire de Fabergé, le grand joaillier de la cour de Saint-Pétersbourg, réalisé en platine et en cristal, avec de grandes turquoises comme ornements. Le stylo était en or massif et avait une turquoise comme finition du manche. Bien entendu, l'Impératrice s'empressa de ranger le vieil ensemble qui avait déplu à son époux, et nous le rangeâmes dans une des armoires où étaient conservés les innombrables biens de la tsarine. Un jour, elle ouvrit ledit placard alors que personne d'autre n'était présent et fut très mécontente de constater que certaines parties de cet ensemble de table à écrire étaient placées sur une étagère différente des autres. Cela avait été fait parce que nous avions pensé que cela conviendrait mieux à l'espace dont nous disposions, mais l'Impératrice n'a pas voulu entrer dans des considérations de ce genre et nous a fait une bonne réprimande pour avoir gardé ses affaires « dans un tel désordre ». », comme elle l'a exprimé.

Deux fois par an, elle revoyait toute sa garde-robe, au moment où elle commandait les nouvelles robes dont elle avait besoin pour chaque saison. Elle examinait alors avec soin les différents objets qui s'y trouvaient et, soit elle faisait présent des choses dont elle pensait ne plus vouloir, soit les envoyait à sa sœur la grande-duchesse Elisabeth à Moscou, où celle-ci les disposait parmi elles. les pauvres filles de la noblesse moscovite sur le point de se marier. Elle aurait grand soin de ne pas défaire toutes les dentelles véritables de ces robes, puis ces dentelles seraient consignées dans le placard réservé à cet effet et inscrites dans un catalogue entièrement écrit de la main de l'Impératrice.

Comme on peut l'imaginer, tout cela occupait ma maîtresse ; et en effet, il n'y avait presque pas une heure dans la journée où elle n'était occupée d'une chose ou d'une autre. Elle entretenait les garde-robes de ses enfants avec le même soin qu'elle accordait à ses propres affaires. Et à Czarskoi Selo et à Livadia, elle avait elle-même l'habitude de consulter les livres de comptes de la maison impériale, au grand désarroi du chef de celle-ci, qui se plaignait souvent de ce que l'Impératrice ne comprenait pas du tout les subtilités de la gestion qu'elle lui faisait parfois. si librement critiqué. Mais même si elle avouait franchement qu'elle ne savait pas combien coûtait un œuf ou une pomme de terre, elle aimait pourtant, comme elle le déclarait, connaître le prix des pommes de terre qu'elle consommait. C'était une manie innocente, et elle aurait été considérée comme telle s'il n'y avait pas eu des gens malveillants prêts à s'en moquer et à se moquer de la « ménagère allemande », comme on appelait par dérision ma pauvre maîtresse, qui, en vue de cela, En fait, il aurait mieux valu ne pas se mêler de choses dans lesquelles, après tout, elle n'avait pas besoin d'entrer, et auxquelles tant de gens n'auraient été que trop heureux de ne pas avoir à penser.

CHAPITRE XIII

LA GUERRE JAPONAISE ET LA NAISSANCE DU CZAREVITSCH

LA première véritable tristesse et inquiétude qui tomba sur ma maîtresse bien-aimée fut la guerre du Japon. Je n'écris pas ici un livre politique et, en fait, je ne comprends rien à la politique, mais ce que je sais, c'est que personne n'aurait pu être plus touché que l'Impératrice par les désastres qui ont détruit l'armée et la flotte russes. Elle passait des heures à pleurer dans sa chambre, où elle ne laissait entrer personne, pas même ses enfants, et c'est de cette époque que datent les terribles maux de tête qui plus tard la prosterneront si complètement. Elle était alors dans un état de santé délicat, et l'Empereur voulait lui épargner le plus possible les nouvelles qui arrivaient de tristes événements sur tout ce qui se passait dans cette lointaine Mandchourie, où les soldats russes se battaient si durement. bataille. Le pays tout entier était exaspéré par la lamentable organisation, ou plutôt par le manque d'organisation, qui se révélait de manière si inattendue, et c'est à partir de Moukden et de Tsushima que les éléments révolutionnaires du pays relevèrent la tête et commencèrent à menacer le trône qu'ils devaient conquérir. détruire douze ans plus tard. La Russie tout entière était en proie à un mouvement insurrectionnel, et peut-être les seuls à ne pas se rendre compte de sa force et de son ampleur étaient-ils les souverains eux-mêmes. Nicolas II. n'avait pas réalisé la possibilité de la chute de sa dynastie et croyait sérieusement pouvoir arrêter le torrent qui inondait le pays. L'Impératrice ignorait le détail des convulsions qui détruisaient rapidement les vieilles légendes et traditions qui avaient si longtemps présidé au gouvernement de l'Empire. Il lui restait encore quelques illusions, et l'une d'elles concernait la force et l'esprit de dévouement de l'armée. Ce fut donc pour elle un choc terrible de constater que cette armée qu'elle croyait invincible s'était laissée battre par les troupes du Mikado qu'elle considérait comme des sauvages. Elle ressentait cruellement la perte de prestige qu'entraînait cette désastreuse campagne, et elle se sentait aussi humiliée dans son orgueil de Souveraine et de femme. À ce poids d'angoisses s'en ajoutait une autre : la crainte que l'enfant dont elle attendait la naissance ne se révèle être une autre fille, dont la venue au monde ajouterait à l'impopularité de sa mère. Parfois, j'avais le cœur serré pour elle, quand je la voyais se traîner dans le parc de Peterhof, l'air si malade qu'on se demandait si elle résisterait à l'épreuve qui l'attendait. Dans sa cruelle anxiété, elle ne trouva personne pour l'encourager ou lui murmurer des mots d'encouragement à l'oreille. Son mari était lui-même absorbé par les préoccupations les plus tristes et elle ne se souciait pas d'y ajouter en lui parlant de ses chagrins et de ses chagrins personnels. Ainsi le temps passa, apportant chaque jour de nouveaux sujets d'inquiétude et de nouvelles causes de découragement. Enfin, un matin, je fus appelé au chevet de l'Impératrice, avec tous ses autres serviteurs, et nous attendîmes, le cœur tremblant, le verdict des médecins sur sa sécurité et sur le sexe de l'enfant dont nous attendions avec tant d'attention l'accouchement. Intérêt intense. Il était midi, et la grande horloge du château de Peterhof venait de sonner les douze coups qui l'annonçaient, lorsqu'un cri d'enfant rompit le silence de la chambre où gisait l'impératrice, et alors le docteur Ott, son médecin, se tourna vers le tsar, debout pâle et inquiet à côté de son épouse, avec ce mot : « Je félicite Votre Majesté pour la naissance d'un tsarévitch. »

Nicolas II. n'a pas répondu. Il resta comme abasourdi par cette nouvelle inattendue. Personne ne parlait ni n'interrompait sa méditation, mais tous se consacraient à l'Impératrice, qui était encore sous l'effet du chloroforme qui lui avait été administré. Lorsqu'elle ouvrait les yeux, elle paraissait si faible que personne n'osait lui annoncer la bonne nouvelle, mais elle semblait la lire en face de son mari, car elle s'écria tout à coup : « Oh, cela ne peut pas être vrai ; CA ne peut pas être vrai. Est-ce vraiment un garçon ?

Nicolas II. tomba à genoux à côté d'elle et fondit en larmes, les premières et les seules que je lui ai jamais vu verser.

Service cinématographique international

L'EX-TSARÉVITCH

La naissance d'un héritier du trône fut un événement d'une telle ampleur qu'il absorba pendant quelque temps toute l'attention du public et le détourna de tout ce qui se passait en Extrême-Orient. Pour ses parents, c'était une consolation après de longues années d'attente et semblait destinée à les consoler des désastres qui se produisaient au front. Le tsar ne pouvait retenir sa joie et, à chaque instant, il parlait de « son fils » et guettait les occasions de prononcer les mots magiques « mon garçon ». Le bonheur de l'Impératrice était moins joyeux mais tout aussi intense, peut-être même plus, car cette arrivée opportune du petit homme qu'on avait déjà laissé attendre améliorait considérablement sa propre situation et lui donnait une importance qui lui avait été refusée auparavant. Elle s'est passionnément attachée à cet enfant prometteur et lui a consacré une affection presque douloureuse et morbide. Malheureusement, il se révéla être un petit mortel des plus délicats, et pendant les premières années qui suivirent sa naissance, les médecins qui le soignèrent espérèrent difficilement pouvoir lui sauver la vie. Il est né avec une maladie organique, ou plutôt un défaut, une faiblesse des vaisseaux sanguins qui se rompaient à la moindre provocation, provoquant des hémorragies qui parfois ne pouvaient être stoppées pendant des heures. Pendant longtemps, son état a été caché au public, mais finalement, la dissimulation est devenue impossible, surtout après une attaque survenue environ deux ans avant la grande guerre, qui était d'une nature si grave que la vie de l'enfant était absolument désespérée. Quelques mois auparavant, il avait dû subir une opération pour une hernie et, à peine remis des effets, un accident provoqua l'hémorragie qui résista pendant des semaines à tous les remèdes employés pour l'arrêter. C'était une période d'anxiété pour les parents, et les cheveux de l'Impératrice changèrent de couleur et montrèrent des mèches grises avant que son fils ne soit enfin déclaré hors de danger.

J'ai longuement parlé de cette grave maladie du petit Alexis parce que tant d'histoires ridicules circulaient à son sujet, histoires aussi malveillantes que sans fondement. Le petit héritier de Nicolas II. n'a jamais fait l'objet d'aucune attaque de nihilistes, et toutes les circonstances détaillées que certains journaux relataient à son sujet étaient toutes de pure invention. Il suffit de dire que lorsqu'il tomba malade, la famille impériale n'était pas sur leur yacht, mais résidait dans l'un des stands de tir du tsar à Spala en Pologne. Je me suis souvent demandé qui pouvait avoir intérêt à donner de la publicité à cette histoire ridicule et angoissante à laquelle de nombreuses personnes croient encore aujourd'hui en dehors de la Russie.

Lorsque le grand-duc put être transféré, ses parents retournèrent à Tsarskoï Selo, d'où ils passèrent plusieurs mois en Crimée, dont la douceur du climat était considérée comme nécessaire à sa convalescence. Mais pendant plus de deux ans après cette attaque, le garçon n'a pas été autorisé à marcher et a été constamment transporté dans les bras d'un marin du yacht impérial qu'il avait pris dans son affection et qui est toujours avec lui, ayant choisi pour l'accompagner en Sibérie. Cette nécessité de devoir exhiber, pour ainsi dire, un enfant malade, était très pénible pour les sentiments de l'Impératrice, dont l'orgueil maternel était blessé de savoir que la Russie entière commentait cela et plaignait l'Empereur d'avoir un héritier. dans un si triste état de santé. Elle fut aussi continuellement l'objet des railleries de la famille de son mari qui lui reprochait d'avoir, comme l'a dit un jour une des grandes-duchesses, « contaminé les Romanoff avec les maladies de sa propre race ». Il y avait du vrai dans cette accusation, car la maladie dont souffrait le garçon était héréditaire dans la famille de Saxe-Cobourg et avait été introduite dans la maison de Hesse par la princesse Alice, mère de l'impératrice, dont le propre frère, le Le duc d'Albany en était mort à Cannes. Le pire, c'est qu'on ne pouvait jamais savoir quand cela allait recommencer. Le moindre coup suffisait pour déclencher une attaque, et on peut imaginer combien il était loin d'être facile de surveiller chaque mouvement d'un garçon vif, plein d'entrain et plein d'entrain, tel qu'Alexis se révélait être. D'un autre côté, cette infirmité physique (car on ne pouvait guère l'appeler autrement) avait pour résultat que l'enfant était excessivement gâté. La mère avait peur de le contredire ou de refuser de se soumettre à aucun de ses caprices, car on lui avait dit qu'il était dangereux pour lui même de pleurer, car tout effort de ses poumons ou de sa gorge pouvait provoquer la rupture de quelque vaisseau sanguin. . On peut donc se faire une idée du système d'éducation auquel Alexis était soumis, et peut-être se sentira-t-on indulgent à l'égard de l'Impératrice en pensant à l'effroi et à l'inquiétude perpétuelles dans lesquelles se passaient ses jours et ses nuits, et lui pardonnera faiblesse qui la faisait céder à tous les caprices et caprices du garçon qui semblait être né pour ajouter à sa coupe de chagrin, et non dans le but d'apporter de la joie dans sa vie.

Je vais maintenant raconter un incident qui a profondément impressionné la tsarine au moment où il s'est produit. C'était quelques jours avant la naissance de son fils. Nous étions à Peterhof et elle s'habillait pour le dîner. Soudain, nous entendîmes un fracas derrière nous et fûmes consternés de voir qu'un lourd miroir accroché au mur derrière Alexandra Feodorovna était tombé à terre, où il avait été brisé en mille fragments. L'Impératrice poussa un grand cri d'émotion, et un instant je crus qu'elle allait s'évanouir, tant ses traits devenaient blancs. Je m'appliquai à la rassurer, mais elle ne voulut pas être consolé, et déclarai que c'était de mauvais augure et que probablement elle mourrait en couches. Quand tout fut fini, et le jour du baptême du Grand-Duc Alexis, j'osai rappeler à sa mère sa frayeur de quelques semaines auparavant, et ajoutai que c'était une preuve évidente à quel point il était mal d'être superstitieux, car certainement rien de plus heureux n'aurait pu se produire que l'événement qui venait de se produire, malgré le mauvais présage du miroir brisé. L'Impératrice sourit tristement et répondit : « Ma bonne Marfa, nous ne savons pas encore ce qui va arriver à mon bébé, et si sa vie sera heureuse ou non. Peut-être que le mauvais présage était pour lui et pas pour moi.

Ce qui est curieux, c'est que exactement dix ans plus tard, en juillet 1914, juste avant la guerre, nous étions de nouveau à Peterhof, et la tsarine s'habillait pour dîner dans la même pièce, lorsque le miroir identique, qui avait été remis en place, tomba. avec le même bruit et de façon tout aussi inattendue, la terrifiant comme auparavant. Hélas, hélas, nous pouvions alors nous permettre de rire des présages, mais maintenant que tant de choses tragiques se sont produites, je me demande parfois si ces accidents (car on ne peut guère les appeler autrement) étaient une sorte d'avertissement des calamités qui allaient suivre. Certes, ils ne pouvaient manquer d'impressionner une femme aussi superstitieuse que l'Impératrice grandissait avec le temps.

Quand je dis « grandi », ce n'est pas tout à fait exact. Elle avait toujours cru aux bons et aux mauvais présages, et elle avait ramené avec elle de son foyer allemand une quantité de croyances sur toutes sortes de choses étranges. Pour rien au monde, elle ne se serait assise à treize heures au dîner, et la vue de trois bougies sur une table la rendait folle. Elle n'aurait pas mis une robe verte de peur que cela ne lui porte malheur, et elle faisait toujours attention à regarder une nouvelle lune du côté droit. Elle ne commençait jamais rien un vendredi et elle était fermement convaincue qu'on pouvait, si seulement on était assez fort en tant que médium, convoquer en sa présence des gens d'un autre monde. Elle croyait aussi aux miracles et adorait n'importe quelle relique sale que des centaines de paysans non lavés avaient embrassée, sans éprouver le moindre dégoût, ce qui était d'autant plus étrange qu'elle prenait généralement soin, presque méticuleusement, de ne toucher à rien qui n'avait pas été complètement nettoyé. L'influence que Raspoutine commença à acquérir sur son esprit ne provenait que de sa faiblesse, continuellement fomentée et encouragée par sa sœur, la grande-duchesse Elizabeth, elle-même une personne très pieuse qui combinait l'intolérance avec un manque total de scrupules quant aux moyens de le faire. lequel elle pourrait réaliser les nombreuses ambitions qu'elle entretenait.

Si l'Empereur avait été un homme de caractère, il aurait pu empêcher sa jeune épouse de tomber sous l'influence de nombreuses personnes qui ne l'utilisaient que comme un pion dans leur jeu. Mais à sa manière, il était aussi superstitieux qu'elle, et tous deux étaient si absorbés par leur amour et leur inquiétude pour leur fils unique, qu'ils s'accrochaient à tous ceux qu'ils croyaient pouvoir lui être utiles. Ainsi, lorsqu'ils virent Raspoutine, qu'ils considéraient comme un saint, se prosterner à terre et implorer le Tout-Puissant de guérir le garçon, et lorsqu'après cela ils remarquèrent que le garçon devenait plus fort, ils furent de plus en plus tentés de penser que ce n'étaient pas les médecins (qui leur avaient dit que l'enfant ne pourrait jamais être définitivement guéri) qui l'avaient guéri, mais la volonté du Tout-Puissant, et que c'était au Tout-Puissant seul qu'ils devaient chercher la conservation de la vie. de ce fils tant chéri.

CHAPITRE XIV

LA TSARINE, SES ENFANTS ET SES ŒUVRES CARITATIVES

IL serait difficile de trouver une meilleure mère que l'impératrice Alexandra. Elle entra dans les moindres détails de l'éducation de ses filles et de son fils, et elle essaya avant tout de leur inculquer les mêmes points de vue sérieux avec lesquels elle considérait la vie et ses nombreux devoirs. Elle insistait pour que ses enfants disent toujours la vérité, et la seule fois où je l'ai vue vraiment en colère contre le petit Alexis, c'était un matin où il fut surpris par elle en train de dire un mensonge. Elle avait tellement souffert du manque de sincérité qui la suivait continuellement, qu'elle résolut de sauver ses enfants de cette misère, et elle s'appliqua à en faire des personnes sincères. Elle avait eu beaucoup de chance dans le choix de la dame chargée de veiller à l'éducation des jeunes grandes-duchesses. Mademoiselle Toutscheff était une personne de la plus haute moralité, qui se livrait à ses devoirs de gouvernante auprès des filles de Nicolas II. avec un dévouement total. On disait qu'elle avait été tout le temps en désaccord avec l'Impératrice, et qu'elle était finalement partie parce que ses conseils n'avaient pas été suivis. Mais ce n'était pas tout à fait exact. Il est vrai qu'elle s'opposait à la présentation de Raspoutine à ses élèves, mais c'était surtout parce qu'elle craignait l'influence que ce paysan analphabète pourrait venir exercer sur l'esprit impressionnable des jeunes filles confiées à ses soins, qu'elle ne souhaitait pas. voir affligés des exagérations religieuses superstitieuses auxquelles leur mère a malheureusement succombé. Cela entraîna des frictions entre elle et Alexandra Feodorovna, et celle-ci préféra démissionner de ses fonctions plutôt que de rester à son poste après avoir perdu la confiance de la mère de ses élèves. Il y a peut-être aussi une autre raison pour laquelle elle est partie. La grande-duchesse Olga avait déjà vingt ans et avait développé un caractère indépendant qui rendait la situation de mademoiselle Toutscheff extrêmement difficile. Elle pensait qu'il serait dans l'intérêt de tous de rompre ses liens avec la famille impériale avant de les avoir gâchés par des querelles inconvenantes.

Dans un certain sens, elle avait raison, car il était malheureusement indubitable que l'Impératrice était devenue assez fanatique dans son allégeance à l'Église orthodoxe grecque et qu'elle essayait d'inciter ses filles à suivre son exemple. Heureusement pour elles, les filles avaient beaucoup de bon sens et parvenaient à se préserver des excès religieux dans lesquels était tombée leur mère. Ils l'aimaient tendrement et auraient donné leur vie pour elle, et elle, de son côté, adorait ces filles. Lorsqu'ils étaient bébés, elle passait la plupart de son temps libre avec eux dans leur crèche ou leur salle de classe, et plus tard, elle partageait avec eux toutes ses occupations et les associait autant qu'elle le pouvait à sa vie. Elle ne se séparait jamais d' eux ni de leur frère, et il n'y avait rien qui concernait leur bien-être, jusque dans les moindres détails, dans lequel elle n'entrait pas. Lorsque la guerre éclata, elle suivit avec ses deux filles aînées une formation de sœurs de charité et, dans l'hôpital qu'elle ouvrit à Czarskoi Selo, elle soigna avec elles les soldats blessés.

À l'égard du petit garçon dont l'arrivée avait été une telle source de joie pour ses parents, l'Impératrice était également pleine de sollicitude. Elle avait pris sur elle sa formation religieuse et le faisait chaque matin amener dans sa chambre pendant une heure, où elle lui lisait l'Évangile et lui enseignait le catéchisme. C'était une mère affectueuse, mais nullement idiote, et ce qu'elle aspirait à faire de ses enfants des hommes et des femmes honnêtes et des membres dignes de la société. Mais en même temps, elle avait des opinions très arrêtées en matière d'éducation, et il y avait des choses qu'elle ne comprenait pas, comme, par exemple, la nécessité pour ses filles de s'amuser dans la vie. Elle imaginait qu'il leur suffisait bien de vivre avec leurs parents, en possession de tout ce que leur cœur pouvait désirer en matière de satisfactions matérielles, et de ne pas entendre parler de la nécessité du mariage pour eux. Elle ne pouvait se résoudre à les considérer comme des femmes adultes et les considérait toujours à la lumière de bébés ayant besoin de ses soins. Elle n'est pas la seule mère à qui l'on puisse reprocher ce manque, et on lui a reproché plus qu'elle ne méritait de l'être.

L'EX-TSARINE ET SON FILS

Le petit grand-duc Alexis avait un précepteur, un Anglais, qu'il aimait beaucoup, et aussi un maître français. Sa mère voulait qu'il maîtrise parfaitement les langues étrangères, sachant par expérience combien il est difficile pour les personnes placées à des postes élevés de s'en passer. Le garçon était un enfant brillant et intelligent, et s'il avait eu une bonne santé, il aurait pu faire de plus grands progrès dans ses études. Mais la moitié de son temps se passait au lit, ce qui naturellement gênait le déroulement de ses cours. Ses sœurs non plus n'étaient pas en meilleure santé, et cette extrême délicatesse de ses enfants était une source d'inquiétude perpétuelle pour la tsarine. Elle s'est également opposée à ce qu'elle a déclaré être une tendance à la frivolité de la part de ses filles. Tatiana particulièrement aimait beaucoup les beaux vêtements et les bijoux, et sa mère essayait continuellement de maîtriser ses extravagances dans ce sens, même si elle savait très bien que le même reproche pouvait s'adresser à elle-même. Elle attirait continuellement l'attention de ses filles sur les souffrances des autres, et ses instructions portaient leurs fruits, car lorsque la guerre éclata, les grandes- duchesses firent preuve de merveilleuses qualités d'abnégation et de dévouement à la cause de l'humanité souffrante. Tatiana en particulier était tout à fait merveilleuse et travaillait infatigablement au comité de secours qu'elle présidait, qui se révélait le seul qui faisait du bien et où il n'y avait pas de malversations. Elle renonça à tout plaisir qu'elle aurait pu obtenir en achetant telle ou telle chose qui lui plaisait, et enfin, quand l'argent se fit rare, elle vendit un beau collier de perles que son père lui avait offert le jour de son dix-huitième anniversaire, pour soulager certains. de la détresse qui était constamment portée à son attention. Les leçons de sa mère avaient porté leurs fruits.

La tsarine était naturellement extrêmement charitable, et de plus elle avait des idées très saines en ce qui concerne le soulagement de la souffrance et de la misère. Elle avait particulièrement à cœur le sort des jeunes enfants, et la société qu'elle avait fondée avec l'Empereur et qui était destinée à encourager les femmes pauvres dans leurs aspirations après la maternité en leur apprenant à prendre soin de leur progéniture, était une société élaborée et des plus intelligentes. affaire. Elle l'aurait certainement amené à un excellent résultat, si la Révolution n'était pas intervenue et n'avait pas détruit ses projets à cet égard, comme elle a détruit tant d'autres choses.

On a reproché à différentes époques à ma maîtresse de s'être montrée indifférente à la cause de l'éducation nationale et de ne pas avoir considéré ce problème avec l'attention qu'il méritait. Mais c'était aussi un reproche déraisonnable. L'Impératrice n'aurait pas pu, même si elle l'avait souhaité, s'immiscer dans la conduite des différents établissements d'enseignement pour femmes de l'Empire. Tous étaient placés sous le patronage de l'impératrice douairière, bien trop jalouse de ses privilèges à cet égard pour avoir consenti à les partager avec sa belle-fille. On aurait pu dire la même chose de l'œuvre de la Croix-Rouge, entièrement dirigée par Marie Feodorovna, qui y apportait de grandes connaissances et une capacité considérable. Mais en même temps, elle ne permettait pas à la jeune tsarine d'intervenir, et lorsque celle-ci essayait, lors de ses diverses visites au Front, de suggérer telle ou telle amélioration dans la gestion des différents hôpitaux qu'elle inspectait, sa mère Law a immédiatement protesté et s'est déclarée offensée par ce qu'elle considérait comme une critique envers sa gestion. La jeune Impératrice dut se consacrer au soin des blessés dans les différents hôpitaux qu'elle avait organisés à Czarskoi Selo, et son œuvre resta confinée au grand comité de secours aux réfugiés des pays envahis et autres victimes de la guerre. que l'Empereur avait fondée au début de la campagne, et dont il avait placé la garde et le patronage sous la direction de sa femme. C'était un travail intéressant mais en même temps très décourageant, car il était impossible d'en suivre l'exécution et il fallait forcément s'en remettre à des personnes plus ou moins fiables. Ma maîtresse regrettait souvent qu'on lui interdisait de mettre son expérience et son grand amour du prochain au service de l'armée. Mais cela lui fut refusé, peut-être non sans raison, car à cette époque elle était déjà devenue très impopulaire parmi les troupes, qui avaient pris l'habitude de l'appeler « l'Allemande ». Un jour, alors qu'elle inspectait une ambulance de campagne, elle entendit cette expression en référence à elle-même et en fut tellement bouleversée qu'elle ne put retenir ses larmes. La pauvre femme, même si elle savait qu'elle était considérée avec tout sauf affection par les sujets de son mari, croyait pourtant que l'armée appréciait au moins ses soins et son désir de son bien-être. Découvrir que tel était loin d'être le cas fut pour elle un coup dur. Au fil du temps, emportant avec lui tous ses espoirs de conquérir l'amour de la nation russe, elle s'est endurcie et a cessé de cacher le mépris qu'elle éprouvait pour un monde qui n'avait pas compris et cru en ses bonnes intentions. Mais, malgré tout, elle s'appliquait à cacher à ses enfants l'intensité de ses désillusions, et elle continuait à leur inculquer ces hauts principes auxquels elle avait essayé de rester elle-même fidèle. Son grand malheur était qu'elle vivait des temps grands et qu'elle n'avait aucune grandeur en elle pour les affronter. C'était une calamité, mais en aucun cas causée par sa propre faute.

Elle était parfois touchante par l'attention qu'elle accordait aux moindres détails liés à la formation et au bien-être de ses enfants. On peut dire qu'avant même la grande catastrophe qui s'abattait sur elle, son attention était entièrement concentrée sur ses enfants. Elle aimait assister à toute la routine quotidienne de leur existence, et chaque fois que ses filles devaient être présentées devant certains de leurs parents, elle se faisait un devoir de surveiller leur toilette et de brosser leurs cheveux longs. Les filles étaient généralement vêtues de blanc, hiver comme été, et ce n'est que lorsqu'elles atteignirent leur douzième année qu'elle consentit à les habiller de couleurs sombres pendant leurs heures de classe. Mais même alors, elles devaient se changer pour le dîner et se présenter devant leurs parents dans les robes claires que leur mère aimait tant. Leurs vêtements étaient toujours confectionnés dans les meilleures maisons, et leur linge tout aussi délicat et magnifique que celui de leur mère. En été et à bord du yacht impérial, ils étaient généralement vêtus de chapeaux et de blouses de marin, et étaient autorisés à courir autant qu'ils le souhaitaient et à parler aux officiers et aux marins. Ils partageaient l'amour de leur mère pour la mer, et les six semaines environ que duraient ces excursions annuelles dans les eaux finlandaises étaient de véritables vacances des enfants comme de l'Impératrice.

Ce dernier a également été accusé de ne faire preuve d'aucune amabilité à l'égard des invités étrangers qui visitaient de temps à autre la cour de Tsarskoï Selo. Il y avait peut-être là une part de vérité, mais la froideur apparente de la jeune tsarine provenait de la crainte éternelle qui la hantait de se compromettre en se montrant trop expansive envers les étrangers. Elle savait que toute attention qu'elle montrait à ses visiteurs serait largement commentée, et comme ceux-ci, à quelques exceptions près, étaient des princes allemands, cette circonstance ajoutait à son embarras, car elle était très consciente qu'elle était censée entretenir de fortes sympathies germaniques. En ce qui concerne ses parents anglais, elle était handicapée, car la reine de Grande-Bretagne était la sœur de l'impératrice douairière, et lorsqu'elle venait à Rewal avec le roi Édouard, elle était naturellement plus avec Marie Feodorovna qu'avec la nièce avec laquelle elle avait tant d'enfants. très peu en commun, et qui n'avait rien fait pour gagner ses sympathies.

De temps en temps, la sœur de la tsarine, la princesse Henri de Prusse, se rendait à Tsarskoï Selo, et son frère, le grand-duc de Hesse, y était également un visiteur fréquent. Mais ces visites n'étaient jamais officielles et passaient pour la plupart inaperçues du grand public qui ne s'inquiétait plus de ce qui se passait dans la maison du Souverain. Les membres de la famille impériale étaient également de rares visiteurs à Czarskoi Selo et évitaient d'y apparaître à moins d'y être absolument contraints. Alexandra Feodorovna savait si bien faire comprendre à ses invités qu'ils l'ennuyaient qu'il n'était pas étonnant qu'ils ne se souciaient pas de ce savoir et qu'ils préféraient ne pas l'ennuyer par leur présence. L'impératrice douairière apparaissait aux anniversaires de famille, tels que les anniversaires, les fêtes et autres du genre, pour féliciter son fils et sa belle-fille, et chaque hiver, la jeune tsarine venait à Saint-Pétersbourg. de Czarskoi Selo pour rendre à sa belle-mère une visite solennelle de cérémonie ; après quoi les deux dames ne se revirent pas pendant longtemps. Tout cela était anormal, mais une fois ces relations établies, il était presque impossible de les changer, et ainsi la rupture qui séparait ma maîtresse du monde ainsi que de la famille de son mari s'est creusée de plus en plus, jusqu'à ce qu'elle se retrouve enfin seule. en présence du danger, du chagrin et de l'une des plus grandes catastrophes que l'histoire ait jamais enregistrées. Que la faute soit entièrement la sienne ou qu'elle ait été partagée par d'autres, c'est un point sur lequel je n'essaierai pas de donner une opinion.

CHAPITRE XV

LA PREMIÈRE RÉVOLUTION

JE me suis souvent demandé si l'Impératrice avait bien apprécié l'ampleur du premier mouvement révolutionnaire qui eut lieu en Russie pendant et après la guerre du Japon. On lui avait répété à plusieurs reprises qu'il s'agissait d'une mutinerie sans importance, vouée à être écrasée par le gouvernement. Le tsar ainsi que ses ministres l'avaient volontairement laissée dans l'ignorance, les premiers parce qu'il ne voulait pas l'alarmer, les seconds parce qu'ils craignaient qu'elle ne tente, en présence du danger qui menaçait la dynastie, de la persuader. à son mari d'adopter une forme d'administration plus libérale et d'accorder à la Russie cette Constitution que tout le monde réclamait, surtout après que la guerre eut clairement prouvé que le régime autocratique était terminé. Elle entendait cependant parfois des échos du mécontentement général, et en effet la première personne qui lui en fit remarquer l'ampleur fut l'impératrice douairière, qui savait très bien tout ce qui se passait et qui s'était fait un devoir de devenir la mieux informé que possible de tout ce qui se passait dans l'Empire. Pour une fois, Marie Feodorovna fit appel à sa belle-fille pour qu'elle ouvre les yeux de Nicolas II sur les périls de la situation politique, mais elle s'y refusa, pensant que cette demande couvrait une intrigue dont elle allait devenir la victime. . Le temps s'écoula ainsi jusqu'à ce que le comte Witte, qui jouissait encore d'une certaine popularité, parla à l'empereur et le persuada de promulguer le fameux Manifeste du 17 octobre et de convoquer une Assemblée représentative. Dans un certain sens, c'était une victoire pour l'Impératrice, car elle avait à cette époque exprimé à plusieurs reprises sa conviction qu'il serait dans l'intérêt de la nation russe d'établir une forme constitutionnelle de gouvernement aussi proche que possible de celle de son pays. qui avait connu un tel succès en Angleterre. Mais si étrange que cela puisse paraître, elle était en ce moment même en train de changer d'opinion et de se rallier à celles du peuple qui pensait que toute concession aux exigences du peuple entraînerait la ruine de la monarchie, tout comme la vocation de la monarchie. La réunion des États généraux en France en 1789 avait provoqué la chute des Bourbons et envoyé Louis XVI. enfin à l'échafaud. Elle avait toujours comparé son sort à celui de Marie-Antoinette, et avait plus d'une fois exprimé à ses amis sa conviction qu'elle aussi était destinée à quelque sort horrible. Le jour où la première Douma fut ouverte par l'Empereur dans la grande salle de bal du Palais d'Hiver, elle pleura tout le temps qu'elle s'habillait, et c'est presque avec un sentiment d'horreur qu'elle se laissa mettre sur sa tête par ses servantes. le grand diadème de diamants qui faisait partie des joyaux de la couronne, et de suspendre à son cou les nombreuses rangées de perles et de pierres précieuses qui l'attendaient. Elle redoutait l'avenir et se demandait ce qu'il lui apporterait.

Service cinématographique international

LE GRAND ESCALIER DU PALAIS D'HIVER, PETROGRAD

Il y a un incident concernant ces jours mémorables que je dois raconter. Lorsque la population de Saint-Pétersbourg, avec à sa tête le célèbre Gaponé, se rendit au Palais d'Hiver et demanda à voir le Souverain pour lui faire part de ses doléances, la Tsarine fut d'avis qu'il aurait dû les recevoir et lui parler. avec eux. Sa belle-mère pensait la même chose. Mais les ministres, et surtout le comte, alors encore baron, Fredericks s'y opposèrent, et ce fut leur avis qui prévalut, au lieu de celui des deux impératrices. A vrai dire, Nicolas n'était pas d'un caractère courageux, mais trop disposé à écouter ceux qui lui disaient qu'il ne devait exposer sa personne à aucun danger.

Mais devant ce nouveau fardeau de calamité qui la menaçait, elle et ses enfants, ma maîtresse plus que jamais se confiait en Dieu et priait, priait avec plus de ferveur qu'elle ne l'avait jamais fait auparavant. À plusieurs reprises, elle intercède en faveur de révolutionnaires condamnés à mort pour un crime politique ou autre. Cela s'est notamment produit dans le cas d'une femme, Sophy Konoplianinova, qui avait assassiné le général Minn, commandant du régiment Semenovsky, qui avait réprimé avec une cruauté impitoyable la rébellion de Moscou. L'impératrice souhaitait qu'elle soit graciée, mais le tsar ne voulait pas l'écouter et toutes ses demandes de grâce furent vaines.

Faut-il s'étonner que, tourmentée comme elle l'était par de cruelles inquiétudes et élevée dans une atmosphère de superstition, elle ait cru plus que jamais au spiritisme et consulté des devins, des moines et des prêtres qui lui prédisaient un avenir sans soucis, et un endroit où les soucis lui seraient inconnus ? Elle les écoutait et, avec une foi aveugle en leurs prédictions nombreuses et variées, elle s'absorbait de plus en plus dans des pratiques de dévotion religieuse qui finissaient par maîtriser toutes ses pensées et ne laissaient plus de place en elles à autre chose. Elle avait aménagé dans sa chambre un oratoire plein d'images sacrées, auquel s'ajoutait chaque jour une autre icône. Aucun Russe n'a jamais cru plus fermement aux différents dogmes de l'Église orthodoxe que cette fille d'une maison allemande, dont la mère avait été une amie intime du célèbre Strauss, et avait permis à ce dernier de lui consacrer sa vie de Jésus qui avait provoqué une si profonde sensation dans les cercles littéraires, religieux et philosophiques du monde entier.

La Révolution fut enfin maîtrisée et, même si la Douma continua toujours à se montrer critique et même rebelle, les choses commencèrent à s'arranger. La Russie se préparait à célébrer l'anniversaire du tricentenaire de l'accession au trône de la dynastie Romanoff, et de grandes réjouissances étaient prévues pour l'occasion. La famille impériale vint à Saint-Pétersbourg pour la première fois depuis la guerre du Japon et resta quatre jours dans la capitale. Un service solennel d'action de grâce fut célébré dans la cathédrale de Kazan, auquel furent invités les représentants de toutes les classes de l'Empire, et la noblesse de Saint-Pétersbourg donna un grand bal auquel toute la famille impériale était présente. Je m'en souviens très bien, car c'était la dernière fois où l'impératrice apparaissait en grande pompe et portait les joyaux de la couronne. Elle avait choisi une robe de satin blanc toute brodée d'argent et avait consenti à revêtir ce qu'elle ne faisait que rarement : le fameux collier de diamants ainsi que la tiare qui avait appartenu à l'impératrice Catherine. Elle était toujours belle, mais la silhouette légère qui avait été si remarquable dans sa jeunesse et le beau teint sans égal avaient disparu. Elle avait l'air d'une femme d'âge moyen, hagarde, en proie à des soucis et à des angoisses, et même si le profil splendide et pointu ne pouvait jamais changer, la bouche avait changé et son expression était presque tragique. Elle ne resta qu'une heure au bal, et se retira avant le souper, laissant ses filles aux soins de l'impératrice douairière, qui se déclara ravie à l'idée de les chaperonner.

C'était la première apparition des filles dans la société, et ceux qui les ont vues alors n'oublieront jamais à quoi elles ressemblaient. Elles étaient toutes deux vêtues de doux nuages de tulle rose, qui leur allaient à merveille. Pas régulièrement jolies, elles avaient des visages doux et des manières si charmantes qu'on ne pouvait s'empêcher d'être attiré par elles. Les rumeurs de leurs prochains mariages avec le prince héritier de Serbie et le futur héritier du trône de Roumanie couraient alors et ajoutaient à l'intérêt qu'ils suscitaient. Hélas, hélas, tous ces espoirs devaient se révéler fallacieux, et la société pétersbourgeoise, si attirée par ces deux princesses, ne devait plus jamais les revoir, du moins comme filles d'un souverain régnant.

De sombres rumeurs couraient déjà à l'époque concernant l'Impératrice et son affection pour le terrible Raspoutine qui allait lui faire tant de mal. En général elle fut malheureuse dans ses amitiés, car celle qu'elle noua pour Madame Wyroubieva fit aussi beaucoup de scandale. La tsarine, malgré toute son intelligence (et elle était intelligente), n'avait aucun jugement et ne possédait pas la moindre connaissance du monde ni de l'humanité. Elle croyait tout ce qu'on lui disait, et, à vrai dire, elle était si soucieuse de plaire et d'être aimée, qu'elle acceptait avec une joie et une crédulité étonnante les protestations d'affection qu'elle rencontrait. Si seulement elle avait eu une très bonne amie, tant d'erreurs qu'elle a commises auraient pu être évitées.

L'une des personnes qui lui ont fait le plus de mal était sa propre sœur, la grande-duchesse Elizabeth. Ce dernier était un homme ambitieux qui conçut le projet de gouverner la Russie par l'intermédiaire de l'Impératrice. Elle était entrée au couvent, non pas par vocation à la vie religieuse, mais parce qu'elle pensait que cela lui donnerait du prestige dans le pays et qu'elle pourrait y acquérir une position qu'il lui aurait été impossible d'obtenir en tant que telle. la veuve d'un grand-duc assassiné à cause de son impopularité et de la haine avec laquelle il était considéré dans toute la Russie. Elle s'est posée en victime et elle a absolument abusé des privilèges que lui conférait cette attitude. Elle inquiétait beaucoup la tsarine, et chaque fois que celle-ci s'opposait à tout ce qu'elle lui disait, ou refusait d'accéder à l'une des demandes continuelles qu'elle lui faisait, elle la menaçait du châtiment du Ciel et lui disait que Dieu la châtierait. et lui ôter son fils idolâtré. Elle passait son temps à aller d'un couvent à l'autre, et parvenait ainsi à parcourir toute la Russie et à se gagner partout un nombre considérable d'adhérents. Son plan était de contraindre le tsar à abroger la Constitution qu'il avait accordée à ses sujets et à revenir aux anciennes formes d'autocratie. C'est elle qui avait recommandé M. Protopopoff et M. Sturmer à l'empereur, et elle avait réussi à s'assurer, ainsi qu'à tous les gens qui lui avaient prêté allégeance, une place de premier plan dans l'administration de l'État. .

L'Impératrice la craignait et savait d'avance qu'elle serait, à la longue, obligée de faire tout ce que sa sœur exigeait d'elle. Parfois cependant, elle montrait une certaine impatience devant la manière dont celui-ci la « dirigeait », pour employer une expression vulgaire, puis elle boudait et s'enfermait dans sa chambre, refusant de voir qui que ce soit, ce sur quoi Elizabeth soupirait . et faire des allusions discrètes au triste état mental de la malheureuse tsarine.

C'est certainement elle qui a le plus contribué à la croyance populaire selon laquelle elle était l'épouse de Nicolas II. n'était pas tout à fait bien dans son esprit.

La seule personne qui combattrait la Grande-Duchesse et ne céderait pas à ses caprices était Mme Wyroubieva, et c'était peut-être une des raisons pour lesquelles Alexandra Feodorovna l'aimait tant. La pauvre impératrice voulait que quelqu'un mène ses batailles à sa place et se sentait reconnaissante envers toute personne capable de le faire. Elle en avait rencontré si peu disposés à le faire.

L'empereur Nicolas aimait beaucoup sa belle-sœur. Elle représentait pour lui ce qu'il appelait le seul véritable élément russe dans la famille impériale, en ce sens qu'il la considérait comme si inféodée aux vieilles traditions moscovites auxquelles ses oncles et cousins, et même ses propres frères et sœurs, avaient renoncé, et il elle pensait qu'elle serait mieux à même que quiconque de comprendre les besoins aussi bien que les particularités de la nation russe. Il l'écoutait toujours avec déférence et, sectaire comme il l'était lui-même, se sentait prêt à la croire lorsqu'elle lui assurait que le Tout-Puissant le protégerait toujours, à condition qu'il reste fidèle aux principes de cette Église orthodoxe qui exigeait de lui la destruction. de tout et de tous ceux qui montraient un quelconque antagonisme à l'égard de cette autocratie dont il était le représentant élu. Le tsar appartenait à cette classe de gens qui n'écoutent que ceux qui sont d'accord avec eux, et il n'avait jamais rien appris, ni profité des leçons qu'on avait essayé de lui enseigner, dans n'importe quel sens. C'était un tyran de caractère et d'humeur, quoique faible et indécis, et c'est une combinaison que l'on retrouve plus souvent qu'on ne l'imagine.

A l'époque dont je parle, ma maîtresse était très malheureuse. D'une part, il lui restait très peu d'espoir de guérison pour son fils et, outre l'amour exagéré qu'elle lui portait, elle sentait que la difficulté de sa propre situation augmenterait si le garçon mourait. Elle avait un désir presque morbide d'entendre les gens lui assurer qu'un tel malheur ne l'atteindrait pas, et elle écoutait avec impatience les assurances que Raspoutine lui donnait que tant qu'il resterait à ses côtés, aucun mal ne pourrait arriver au petit. Alexis. Elle pensait sincèrement que ce simple paysan, en raison de son ignorance, serait mieux à même qu'une personne plus cultivée d'entrer en contact avec le Tout-Puissant, fondant sa croyance sur les paroles de l'Évangile, selon lesquelles Il « s'est révélé aux simples et aux ignorants ». personnes." Le fait est qu'elle était fatiguée de toutes les fausses protestations dont ses oreilles étaient saturées, et elle pensait que peut-être un humble mougik russe se montrerait au moins fidèle à elle ainsi qu'à sa dynastie. L'avenir allait prouver à quel point son erreur était terrible.

CHAPITRE XVI

LES AMIS DE LA CZARINE

ALEXANDRA Feodorovna ne s'est pas fait de véritables amis au cours des premières années qui ont suivi son mariage. Ce n'est en effet qu'après la guerre du Japon qu'elle entame les intimités que lui reprochent tant ses sujets. La plus célèbre est celle de Raspoutine, mais il y en a deux autres tout aussi néfastes : celle de Madame Wyroubieva et de la princesse Dondoukoff.

Service cinématographique international

GRANDE-DUCHESSE ELISABETH

Cette dernière était une dame d'une grande intelligence et un médecin non négligeable que l'Impératrice avait mis à la tête de l'hôpital privé qu'elle avait organisé à Czarskoi Selo bien avant que la guerre n'éclate. Plus tard, lorsque d'autres lazarets et ambulances, dont le nombre augmentait chaque jour à mesure que se poursuivait la terrible lutte, furent organisés dans la résidence impériale, la princesse Dondoukoff fut nommée surintendante générale de tous ces établissements, et ce fut elle qui entraîna la tsarine comme ainsi que ses filles dans les fonctions d'infirmière de la Croix-Rouge. Elle était d'un tempérament agressif, avait la réputation d'être lâche dans ses mœurs, même si personnellement je ne voyais rien qui aurait pu le justifier, et était également douée d'une remarquable propension à l'intrigue. Personne ne l'aimait, mais tout le monde la craignait. Elle s'insinua à fond dans la confiance de l'Impératrice, qui se référait à elle en tout et l'écoutait volontiers. Elle faisait bien sûr partie des partisans de Raspoutine et formait avec lui et Madame Wyroubieva un trio contre lequel il aurait été difficile non seulement pour le grand public mais aussi pour les proches du souverain russe de lutter.

La princesse Dondoukoff donnait à Alexandra Feodorovna des médicaments que celle-ci prenait à l'insu de ses médecins et qui, lorsqu'ils s'en aperçurent, déclarèrent qu'ils étaient pour beaucoup dans ses nerfs brisés. Cela était peut-être vrai ou non, je n'oserai pas me prononcer sur le sujet, mais ma maîtresse aimait certainement beaucoup trop la princesse, et elle aurait mieux fait de la voir moins, ne serait-ce que du point de vue de la situation. Il est d'avis que le poids qu'elle accordait à ses opinions exaspérait considérablement les médecins qui la soignaient régulièrement, qui protestaient contre la manière dont leurs propres prescriptions étaient négligées.

La princesse présenta à la cour un charlatan médecin du Thibet, nommé Bachmanoff, qui, prétendait-elle, avait apporté de son pays toutes sortes de remèdes secrets qu'elle conseillait à la tsarine d'essayer sur le petit grand-duc Alexis. La mère aimante la crut et Bachmanoff devint l'un de ses favoris. Il est impossible de dire s'il aurait guéri l'enfant, car la nourrice de celui-ci, un marin nommé Derewenko, qu'il aimait démesurément et dont j'ai déjà eu l'occasion de parler, jetait par les fenêtres toutes les poudres et potions. qu'Alexandra Feodorovna lui demandait de donner à son fils, et elle prenait grand soin que l'enfant ne reçoive que ce que son propre médecin lui avait ordonné de prendre. En fin de compte, le Grand-Duc s'est amélioré et a été plus fort, et l'année dernière, il aurait pu être déclaré guéri, du moins dans la mesure où la maladie chronique dont il souffrait a pu être guérie. Mais l'Impératrice, dans sa joie de cette guérison inattendue, était persuadée qu'elle avait eu lieu, grâce au Thibétain, en qui elle croyait plus que jamais.

L'amitié pour Mme Wyroubieva était peut-être pire encore que l'attachement du souverain insensé pour la princesse Dondoukoff. Madame Wyroubieva n'était pas la fille du secrétaire particulier de l'empereur, comme elle se prétendait l'être, mais d'un secrétaire d'État (ce qui est tout autre chose, étant une charge purement honorifique) appelé Tanieïeff. Elle avait été mariée à un officier de marine avec lequel elle ne pouvait pas être d'accord, et ils avaient divorcé, non pas parce qu'il était devenu fou, comme elle le déclarait (le divorce pour cause d'aliénation mentale n'est pas autorisé en Russie), mais parce qu'il avait trouvé des raisons de s'y opposer. sa conduite. L'Impératrice, pour des raisons que personne n'a jamais comprises, prit son parti et l'invita une ou deux fois au palais de Tsarskoï Selo. Madame Wyroubieva profita au maximum de ses opportunités et devint bientôt indispensable à Alexandra Feodorovna. C'est elle qui, avec la grande-duchesse Elisabeth, introduisit Raspoutine dans la maison impériale et, avec lui, elle établit un tel contrôle sur les actions de la tsarine que celle-ci devint bientôt un simple outil entre leurs mains.

Madame Wyroubieva était avant tout une femme agrippante. Elle avait bien l'intention de faire fortune grâce à la position de confiance qu'elle était censée occuper. Raspoutine et elle étaient à leur tour aux mains d'une bande d'aventuriers qui les utilisaient à leurs propres fins, et ils mettaient en place une exploitation honteuse des deniers publics dont malheureusement l'Impératrice était rendue responsable. Ce dernier ne considérait Raspoutine que comme un saint personnage, une sorte de yogi orthodoxe dont les prières étaient sûres d'être prises en compte par le Tout-Puissant. On a laissé entendre des choses terribles au sujet de ses relations avec lui, mais tout ce que je peux dire c'est qu'à ma connaissance, du moins, elle n'a jamais été seule avec lui un seul instant, et cela sauf en ce qui concerne la santé de l'enfant. héritière du trône, ma maîtresse ne lui parlait jamais que de sujets religieux. Le public disait qu'il était tout puissant à la Cour, mais je suis convaincu que ces bruits provenaient de certaines personnes sans scrupules qui avaient intérêt à les répandre parce qu'ils parvenaient (grâce à l'intimité dont ils se vantaient) avec un personnage qui, comme ils le racontaient, , pouvait tourner et tordre les souverains à sa guise) pour obtenir des contrats militaires et d'autres choses qu'ils désiraient. Parmi eux se trouvaient Protopopoff et Sturmer, ainsi que le célèbre Manassevitsch Maniuloff, dont les tendances au chantage lui ont valu d'être arrêté et condamné à plusieurs années de travaux forcés, dont il a été libéré sur ordre du gouvernement russe actuel. En réalité, Raspoutine était traité au Palais comme une sorte de bouffon à qui on laissait faire ce qu'il voulait, une sorte d'imbécile, sur le modèle de Chicot dans les romans de Dumas, et ni Nicolas II, qui l'aimait encore plus qu'il ne l'aimait. l'Impératrice, et celle-ci ne l'a jamais considéré comme autre chose qu'un saint pèlerin (car c'est ce qu'il se proclamait) dont la vocation était d'aller prêcher l'Évangile au monde. Il ne faut pas oublier qu'il y en a eu beaucoup en Russie et que la tendance naturelle au mysticisme, qui est une des caractéristiques du caractère russe, les a toujours accueillis avec effusion. L'impératrice, qui, bien qu'allemande, était plus superstitieuse qu'aucun Russe, croyait pleinement que la présence de Raspoutine à ses côtés était un bouclier contre tous les dangers possibles. Elle refusait donc de se séparer de lui, et chaque fois qu'il arrivait quelque chose de nature à l'inquiéter, elle le faisait appeler, quand il se prosternait à terre et invoquait les puissances du ciel pour le délivrer, lui et ses amis, du mal. Il était un fanatique absolu, ou du moins prétendait influencer les voies d'un fanatique, et il avait l'habitude de forcer l'impératrice à se prosterner devant les images saintes à côté de lui et à rester le visage appuyé contre le sol pendant des heures en suppliant sincèrement un Dieu que, affirmait-il, il était le seul à honorer comme il devait l'être. Il est difficile de concevoir qu'une impératrice de Russie, au tempérament hautain d'Alexandra Feodorovna, puisse se prêter à des pratiques aussi ridicules, mais il en fut ainsi, et je ne peux que dire ce que j'ai vu sans tenter de l'expliquer. Mais il n'est pas étonnant que, en apprenant tout cela, la famille impériale se soit indignée et ait tenté d'évincer du Palais un homme dont la présence en son sein tendait à discréditer la royauté à une époque où, au contraire, tous les moyens possibles étaient mis en place. il aurait fallu recourir à des moyens pour élever son prestige.

L'impératrice douairière, lorsqu'elle entendit tout ce qui se passait, éleva la voix, et, bien qu'elle n'aimât pas se mêler de ce qu'elle considérait comme ne la concernant pas, elle fit des démarches auprès du tsar lorsque celui-ci lui rendit visite à Kieff, où elle avait transféré sa résidence. Nicolas l'écouta mais ne fit rien. D'autres suivirent l'exemple de Marie Feodorovna, et les grands-ducs tentèrent individuellement et collectivement d'ouvrir les yeux du chef de leur dynastie sur les maux provoqués par la présence de Raspoutine. Tout s'avérait inutile, car l'Empereur tout autant que son épouse étaient sous le charme de l'habile comédien dont la forte volonté avait complètement maîtrisé sa propre intelligence faible. J'ai souvent été témoin des réunions de prière organisées dans l'oratoire privé de la tsarine, présidées par Raspoutine. Peu de monde y était admis, et la congrégation se composait généralement de Mme Wyroubieva, de la princesse Dondoukoff, du tsar et de son épouse. On demandait parfois aux enfants impériaux d'y assister, mais pas souvent. Raspoutine priait à haute voix, puis prêchait, abordant dans ses sermons des sujets de toutes sortes qui n'avaient pas la moindre prétention d'être considérés comme religieux. Puis il assura son auditoire que le Seigneur s'était révélé à lui et lui ordonna de faire connaître telle ou telle chose au tsar, en choisissant celle qui lui tenait à cœur à ce moment-là. L'Impératrice devenait généralement hystérique en l'écoutant, et c'est pour cette raison qu'on me priait de rester à proximité de la chambre, afin de pouvoir lui venir en aide. Il me fallait souvent la délacer, sinon elle s'étoufferait, et pour cela je l'emmenais dans un autre appartement. Le fait que l'une ou l'autre de ses servantes me voyait emporter quelque partie de ses vêtements donnait lieu aux rumeurs les plus malveillantes. Le plus curieux dans tout cela, c'est que l'empereur regardait impassiblement sa femme se tordre dans de fortes convulsions et ne lui apportait aucune aide, car Raspoutine lui assurait que ces convulsions étaient une manifestation de la bonne humeur et une preuve que les prières de la tsarine avaient été acceptées par le Tout-Puissant.

Je sais que tout cela semble incroyable et pourtant ce n'est que la vérité. La malheureuse que le monde a calomniée de la manière la plus cruelle possible n'était après tout qu'un être misérable dont l'équilibre mental était pour le moins détérioré. Il eût été plus raisonnable de la mettre dans un asile que de l'accuser de pratiques immorales dont elle était incapable. Bien entendu, on ne pouvait pas s'attendre à ce que d'autres témoins des actions quotidiennes d'Alexandra Feodorovna à Czarskoi Selo regardent les choses avec les mêmes yeux que moi et je ne suis pas surpris du dégoût qui a rempli tous les bons et dévoués serviteurs de la dynastie lorsqu'ils entendirent parler de ces mystérieuses réunions au cours desquelles le Saint-Esprit était censé descendre en personne sur la tête de Nicolas II. et sa femme. Il y en avait encore, entre autres la princesse Wassiltschikoff, une des femmes les plus marquantes de la société pétersbourgeoise, qui prit sur elle d'écrire à ma maîtresse pour la prévenir de la manière dont elle se discréditait elle-même et la dynastie. . La tsarine fut terriblement offensée en recevant cette lettre et tomba dans un de ses rares accès de passion. Elle se plaignit à l'empereur, et l'auteur de cette épître qui avait suscité sa colère reçut aussitôt l'ordre de quitter Saint-Pétersbourg et de se retirer en disgrâce dans un de ses domaines à la campagne. Alexandra Feodorovna serrait les dents et pouvait à peine retenir ses larmes en parlant de ce qu'elle appelait « cette infâme lettre ». Dans ce moment de colère, je crois qu'elle aurait pu tuer la dame qui s'était ainsi aventurée à lui raconter des choses qu'elle considérait comme les plus insolentes qu'elle ait jamais entendues de toute sa vie. Elle devait se sentir encore plus offensée quelques jours plus tard lorsque le grand-duc Nicolas Michaylovitsch, cousin du tsar, présenta à ce dernier un mémorandum dans lequel il l'adjurait de ne plus écouter les conseils qu'il recevait de son épouse. et de renvoyer la bande d'aventuriers dont la présence à ses côtés le discréditait. Il fut également récompensé en étant envoyé en exil pour l'audace avec laquelle il avait osé critiquer la conduite d'Alexandra Feodorovna.

Il n'y a donc rien d'étonnant si ceux qui en sont venus à considérer Raspoutine comme un danger national se soient finalement décidés à l'écarter par des moyens justes ou immondes. Bien sûr, ce qui se cache derrière son assassinat, c'est le désir de mettre fin à l'influence de l'impératrice sur son épouse, et d'ouvrir la voie à son internement dans un asile privé ou dans un couvent où l'on sent qu'elle serait plus heureuse que n'importe où ailleurs. Tant que Raspoutine existait, une telle chose n'était pas envisageable, mais on espérait secrètement que s'il était finalement mis à l'écart, l'esprit de la tsarine s'effondrerait complètement et il deviendrait alors une question relativement facile de persuader Nicolas. II. se séparer d'elle, alors qu'on espérait que la dynastie retrouverait une partie du prestige qu'elle avait perdu. C'est là, à ma connaissance, la véritable clé du meurtre de l'aventurier dont la carrière constitue un épisode unique même dans les annales de l'histoire russe qui a enregistré tant de choses étranges. En la décrivant, j'ai anticipé les événements et je dois maintenant revenir quelques années en arrière et parler du déclenchement de la grande guerre, même superficiellement, car sa

déclaration a sonné le glas de la dynastie des Romanoff et, d'une certaine
manière, a scellé le sort de la grande guerre. de l'illustre dame aux côtés de
laquelle j'ai passé tant d'années avant que le malheur ne l'accable.

CHAPITRE XVII

LA GRANDE GUERRE

IL est inutile de répéter que lorsque la grande guerre éclata, personne en Russie ne s'y attendait, et le tsar encore moins. Je n'aborderai pas la partie sérieuse de cet affreux drame ; Je n'en parle que dans la mesure où il s'agit de la malheureuse impératrice. Elle en était complètement accablée et pensait que c'était le point culminant de ses malheurs. Outre ses appréhensions pour cette Russie dont elle était la souveraine, elle sentait profondément qu'elle allait être en guerre contre ses proches et contre son frère bien-aimé qu'elle aimait tant. Personne dans son entourage ne doutait que la France et la Russie unies battraient sûrement et rapidement les Allemands, mais la tsarine savait très bien que quelle que soit l'issue de la lutte, elle en deviendrait l'une des principales victimes. Elle savait parfaitement que la nation qui la détestait si intensément l'appelait très ouvertement « l'Allemande », et qu'elle serait probablement soupçonnée de privilégier sa terre natale plutôt que celle de son adoption ; elle s'irritait d'avance de l'injustice de l'accusation. Tout le monde a remarqué son intense émotion le jour qui a suivi la déclaration des hostilités, lorsque, lors de la cérémonie religieuse qui a eu lieu au Palais d'Hiver, elle s'est tenue aux côtés du tsar et a écouté la lecture du manifeste annonçant à la nation que l'Allemagne avait l'a défié dans un combat mortel. Avant de quitter Peterhof (où la Cour passait l'été) pour Saint-Pétersbourg, j'ai osé lui exprimer mon espoir qu'elle aurait assez de force pour supporter les fatigues et les émotions de cette journée éprouvante. «Je peux tout supporter maintenant», répondit-elle. "Comme je ne suis pas mort hier, il me semble que rien ne me tuera jamais." Des paroles capitales dont je devais me souvenir plus d'une fois au fil du temps et des désastres se succédant.

Lorsque la guerre éclata, l'impératrice douairière était en Angleterre. Elle télégraphia à sa belle-fille de prendre sa place à la tête de la Croix-Rouge jusqu'à son retour en Russie, et de prendre les premières mesures nécessaires pour assurer son activité. La tsarine n'était que trop disposée à le faire, mais elle se heurta à une opposition inhabituelle et même à une hostilité de la part des fonctionnaires intéressés par la société, qui critiquèrent toutes les améliorations qu'elle proposait et refusèrent même de suivre les instructions qu'elle leur donnait. Ceci, bien sûr, était pour elle une source d'amère mortification, et elle n'était que trop heureuse de se retirer complètement de la direction de toute l'affaire dès le retour de sa belle-mère. Mais cela a été mal interprété par l'opinion publique qui a déclaré que la Souveraine ne s'intéressait pas à la cause des blessés, parce qu'elle désapprouvait totalement la guerre et qu'elle aurait aimé voir la Russie parvenir à un accord avec l'Allemagne.

La situation de ma malheureuse maîtresse devenait de plus en plus difficile à mesure que le temps passait. Au début, la marche triomphale (car c'est ainsi qu'on l'appelait) des troupes russes en Galicie et la prise de Lemberg semblaient présager une campagne réussie, mais vinrent ensuite les premiers revers, suivis de la grande retraite qui signifiait abandonner à l'ennemi certains des provinces les plus fertiles de l'Empire russe et de toute la Pologne. La perte de toute la ligne de forteresses qui défendaient la Vistule fut également un coup terrible porté à la fois à la puissance de la Russie, à son bien-être et à son prestige. Bien sûr, le pays tout entier s'est indigné de cette série inattendue de désastres, et bien sûr le gouvernement en a été rendu responsable.

Le manque de prévoyance du War Office était attribué à la corruption générale qui régnait dans toutes les sphères administratives russes, mais aussi à la partialité du tsar pour certains favoris contre lesquels il n'écoutait jamais aucune critique et qu'il continuait à à employer alors que le pays tout entier avait reconnu leur totale incapacité.

L'Impératrice savait toutes ces choses : on lui avait même demandé plus d'une fois d'intervenir et de les porter à la connaissance du tsar, mais elle avait toujours refusé de se mêler de questions qui lui paraissaient si importantes que tout faux pas pouvait s'accompagner de par de terribles conséquences. Un jour, au cours d'une des visites éclair que le commandant en chef, le grand-duc Nicolas, effectuait du front à Saint-Pétersbourg, il avait tenté de s'attirer ses sympathies en faveur d'un vaste projet de réforme qu'il voulait réaliser, mais elle se méfiait tellement de lui qu'elle avait jugé préférable de ne rien faire, sinon de lui déclarer qu'elle ne se croyait pas compétente pour lui donner des conseils, compte tenu des difficultés générales que présentait la situation. Elle s'effrayait de l'insistance avec laquelle certains gens, peu disposés en sa faveur, voulaient l'entraîner dans des affaires où la moindre bévue pouvait attirer sur elle la colère de la nation entière. Mais en même temps, elle s'efforçait de faire ce qu'elle n'avait jamais tenté auparavant, c'est-à-dire discuter avec son mari des événements de la journée et lui faire bénéficier de ses opinions, toujours modérées, mais nettement favorables à l'idée. maintien du système autocratique. Elle m'a dit un jour qu'elle pensait qu'il serait bien plus avantageux pour la nation que la Douma soit définitivement prorogée, au moins aussi longtemps que duraient les hostilités, parce qu'elle craignait notamment que ses critiques ne détruisent la foi de la nation dans son gouvernement, et d'autre part, qu'il empêcherait par les discussions de susciter la conclusion d'une paix favorable aux intérêts russes. Cette paix, la tsarine la réclamait de tout son cœur, et elle eût beaucoup sacrifié pour la voir conclue. Cela se fit savoir, d'autant plus qu'elle n'essaya même pas de le cacher, et le bruit courut qu'elle négociait les conditions d'une telle paix avec ses parents allemands. Je ne crois pas un seul instant qu'elle ait jamais fait ou voulu faire cela, mais ceux qui voulaient sa destruction l'accusaient naturellement d'intriguer dans un sens favorable aux intérêts allemands. Elle avait malheureusement contrarié tous les partis du pays, l'aristocratie en premier lieu, mais aussi les extrémistes radicaux et les socialistes qui la rendaient responsable de toutes les mesures de répression que le gouvernement avait commencé à prendre contre eux. La pauvre femme était devenue le bouc émissaire de tous les péchés d'Israël.

Elle luttait néanmoins vaillamment contre ces terribles obstacles, et elle s'appliquait à donner au tsar un peu de l'énergie qui lui manquait et dont elle possédait peut-être trop. C'est alors qu'elle effectua différentes visites au front, chose qu'elle n'avait jamais été autorisée à faire lorsque le grand-duc Nicolas était commandant en chef, et elle essaya de remonter le moral de son mari et de l'encourager dans les nouvelles responsabilités qui lui incombaient. il avait assumé en renvoyant son oncle et en prenant sur lui les fonctions de commandant en chef de l'armée. Il avait été contraint à sa décision par le souhait général du public, mécontent du grand-duc Nicolas, et espérait que la présence du souverain à la tête de ses troupes insufflerait du courage dans le cœur de ces derniers et les inciterait à prendre cette décision. faire tous les efforts contre l'ennemi. Mais les troupes n'étaient pas responsables des revers qui les avaient frappées ; le manque de munitions était la cause du mal, et aucun commandant en chef ne pouvait y remédier, mais cela aurait exigé une réforme approfondie et radicale de toute l'administration du War Office.

Il n'existait en Russie personne d'assez puissant pour mettre en œuvre cette réforme. Dans les circonstances dans lesquelles se trouvait le pays, il aurait fallu l'énergie et la volonté de fer d'un Pierre le Grand pour surmonter les obstacles qui s'opposaient à toute réforme de grande envergure, et la Russie avait pour souverain Nicolas II. , le plus faible qui ait jamais porté le sceptre des Romanoff.

Durant ces jours anxieux, l'Impératrice prenait à se confier à moi et m'appelait parfois à ses côtés, généralement pendant la nuit où elle ne pouvait pas dormir et était hantée par toutes sortes de craintes quant à l'avenir. Elle me dit alors qu'elle se sentait persuadée qu'une révolution suivrait la guerre, et que cette fois ce serait une révolution sérieuse qui exigerait une énergie considérable avant d'être réprimée. L'idée que cela pourrait éventuellement réussir ne lui est jamais venue à l'esprit, et je me suis souvent interrogé sur son aveuglement total à ce sujet. Mais elle était si convaincue que la plus grande partie de la Russie était encore attachée aux principes incarnés dans une autocratie toute-puissante, que personne n'était plus surpris qu'elle de la promptitude avec laquelle la nation russe acceptait le renversement de la dynastie. Et pourtant, on lui a assez souvent répété que cette dynastie était en danger si elle ne décidait pas de faire des concessions à une opinion publique qui réclamait un changement. Elle nourrissait encore des illusions et croyait honnêtement que ses efforts personnels en faveur des soldats blessés et invalides l'avaient rendue populaire auprès de l'armée, qu'elle lui était reconnaissante ainsi qu'au tsar et qu'elle ne permettrait pas qu'on leur fasse du mal. Elle aimait raconter des anecdotes tendant à le prouver, et chaque fois qu'elle revenait à Tsarskoï Selo après l'une de ses fréquentes visites au front, après que l'Empereur avait pris le commandement suprême, elle aimait m'appeler à ses côtés et me raconter tout ce qu'elle avait vu là-bas, et comment les blessés qu'elle avait visités l'avaient remerciée de sa bonté envers eux, ne sachant pas que leurs remerciements avaient été prononcés en obéissance à un ordre et n'étaient jamais sortis du cœur de ceux qui avaient prononcé eux. Il était pourtant arrivé un jour fatal où, au lieu des acclamations auxquelles elle était habituée, l'Impératrice fut reçue dans un silence de mort par les troupes alors qu'elle accompagnait son mari à une revue des régiments sur le point d'être envoyés au combat. Devant. C'était la première fois qu'une telle chose lui arrivait, et la pauvre tsarine fut si bouleversée par cette preuve qu'elle avait perdu l'affection de ses soldats, qu'elle déclara qu'elle ne se montrerait plus parmi eux. Bien sûr, ses amis essayaient de lui remonter le moral et de lui expliquer qu'il s'agissait d'un pur accident, mais l'impression avait été produite et ses effets devaient être durables. Les deux premières années de guerre s'éternisaient et je me demandais parfois si ma maîtresse bien-aimée vivrait un jour assez longtemps pour voir la fin de ce terrible conflit. Elle devenait de plus en plus faible et ses nerfs étaient si complètement détruits que tous ceux qui tenaient encore à elle s'alarmaient à cause d'elle. L'Empereur seul semblait assez indifférent et ne remarquait pas le grand changement qui s'était produit chez sa femme. Il imaginait qu'elle était inquiète de la guerre, mais il ne rêvait pas que sa santé se détériorait chaque jour et qu'elle avait perdu l'énergie dont elle était dotée auparavant, dans la lutte désespérée qu'elle menait contre des forces qui ne pouvaient que vaincre. elle à long terme. Toute sa vivacité d'antan l'avait quittée. Elle était devenue plus douce qu'elle ne l'avait jamais été, même pendant ses premières années de vie conjugale, et elle acceptait avec gratitude chaque petit service qu'on lui rendait. L'orgueil hautain avec lequel elle accueillait autrefois tout désagrément qui lui venait à l'esprit avait disparu. Elle s'était résignée à tout ce qui pouvait lui arriver, mais sa grande inquiétude était pour son mari et ses enfants, surtout les premiers, contre lesquels elle redoutait une tentative d'assassinat chaque fois qu'il était au Front. Pendant les nuits d'insomnie qui étaient devenues son lot, elle imaginait toutes sortes de maux, puis elle se dirigeait vers le téléphone qui la mettait en communication directe avec le quartier général et parlait avec l'aide de camp de service, demandant des nouvelles de l'état-major. l'empereur. Je ne crois pas qu'elle ait jamais obtenu plus d'une heure ou deux de repos dans les vingt-quatre, et quelquefois, en réfléchissant à cela, je n'ai pas, comme je l'avais fait précédemment, reproché à la princesse Dondoukoff de lui administrer des opiacés destinés à lui donner elle un peu de repos. Tout cela constituait un état de choses terrible, mais ce n'était pourtant rien en comparaison de ce qui allait suivre, et la malheureuse tsarine allait bientôt boire jusqu'à la lie la coupe de douleur qui lui était destinée.

CHAPITRE XVIII

LES CATASTROPHES ET LA DEUXIÈME RÉVOLUTION

LES derniers jours de l'année 1916 furent tristes pour ma pauvre Impératrice. Il y eut d'abord l'assassinat de Raspoutine, qui fut pour elle une terrible source de chagrin, car elle croyait fermement que tant qu'il serait à ses côtés, aucun mal ne pourrait lui arriver, et certainement, au vu des événements, elle ne s'était pas trompée jusqu'à présent. ses peurs superstitieuses. Durant les premiers jours qui suivirent le meurtre de son favori, elle restait des heures immobiles dans son boudoir, sans rien faire, absorbée dans des pensées qui devaient être les plus douloureuses. Noël, le dernier que la famille impériale passa dans son bien-aimé Czarskoi Selo, fut un triste moment, et la tsarine ne tenta même pas de se débarrasser des pressentiments mélancoliques qui la tourmentaient. Elle était préoccupée par l'idée de venger la destruction de l'homme dont elle avait considéré l'existence à la lumière d'un fétiche. On sait qu'elle fit exiler en Perse le jeune grand-duc Dimitri, en punition de sa participation à la conspiration qui l'avait privée de son favori. Elle qui avait toujours été si bonne est devenue cruelle et impitoyable, et je l'ai entendue un jour s'exclamer que désormais elle n'écouterait plus son cœur, mais suivrait uniquement les préceptes de sa raison.

Il y avait un homme qui avait obtenu sa faveur grâce à l'ardeur avec laquelle il avait épousé toutes ses vues ; c'était le ministre de l'Intérieur, M. Protopopoff. Il avait été l'un des amis les plus intimes de Raspoutine, et il insistait continuellement auprès de la tsarine sur la nécessité d'être ferme et de refuser toute pitié à ceux qui s'étaient montrés si impitoyables à l'égard d'un homme qui avait été une sainte créature. . Alexandra Feodorovna trouva quelque consolation dans son chagrin en en discutant avec Protopopoff, qui finit par lui faire adhérer aux projets qu'il avait formés pour rétablir en Russie un gouvernement absolu.

Noël était passé et une nouvelle année avait commencé. Les difficultés liées à la situation militaire et économique du pays se sont accrues à un degré alarmant. Nous ne nous en rendions pas compte à Czarskoi Selo, mais à Petrograd, comme on appelait maintenant Saint-Pétersbourg, tout le monde se plaignait de la cherté de la vie et de l'impossibilité de se procurer les nécessités indispensables de l'existence. La population s'impatientait et le mécontentement grandissait. Ceux qui voyaient les signes de l'approche de la tempête essayaient de persuader le tsar qu'il valait mieux rester dans les environs de la capitale et ne pas se rendre au front où, après tout, sa présence n'était pas absolument nécessaire. Mais Nicolas II. Il ne voulait pas écouter, peut-être parce que sa femme et M. Protopopoff l'avaient persuadé qu'il n'y avait aucune raison de s'alarmer. L'Impératrice avait une confiance implicite dans le ministre et était convaincue qu'une petite démonstration d'énergie de la part du gouvernement enlèverait très vite l'impatience de la population. Elle voulait écarter son mari, non pas du tout, comme on l'a dit, parce qu'elle voulait faire un coup d'État, mais parce qu'elle ne voulait pas que le tsar soit inquiété par sa famille, qui faisait des délires frénétiques. efforts pour rappeler d'exil le grand-duc Dmitri. Au début, son intention était d'accompagner Nicolas II. au quartier général, mais ensuite ses enfants sont tombés malades de ce qui avait d'abord été considéré comme une crise de grippe, mais qui s'est ensuite avérée être la rougeole, et elle ne voulait pas les quitter. L'empereur partit, promettant de revenir immédiatement en cas de problème grave, et restant entre-temps en contact étroit avec sa femme et le commandant de la garnison de Tsarskoï Selo. Pendant son absence eut lieu la Révolution, provoquée par une révolte des troupes chargées de la défense de Petrograd. Ils se rendirent à la Douma dès qu'ils apprirent qu'elle avait pris sur elle d'instituer un nouveau gouvernement.

Le tsar était entouré de traîtres et n'était donc même pas au courant de tout ce qui se passait à Petrograd. Deux télégrammes urgents qui lui avaient été envoyés par le président de la Douma, M. Rodzianko, ne lui sont jamais parvenus, comme nous l'avons appris plus tard. S'il les avait reçus, il se serait probablement dépêché de rentrer, et peut-être que sa présence dans la capitale aurait pu éviter la catastrophe. Mais ses serviteurs étaient pour la plupart gagnés à la cause de la Révolution et le laissaient volontairement ignorer la gravité des événements qui se déroulaient, jusqu'à ce qu'il soit trop tard. L'Impératrice n'était pas non plus informée de l'ampleur de la révolte, et c'est par une indiscrétion d'un de ses serviteurs qu'elle entretint enfin la vérité. Elle fit venir le comte Benckendorff, chef de la maison, et lui demanda de lui procurer tous les renseignements possibles sur l'ampleur de la rébellion. Le comte, qui tout au long de cette triste histoire s'est comporté avec la plus grande loyauté envers la cause des souverains dont il avait gagné la confiance par ses longs et fidèles services, essaya de se rendre à Petrograd, où il espérait apprendre quelques détails sur ce qui s'était passé. au cours des deux jours précédents, mais cela n'a pas été possible car la ligne de chemin de fer était déjà aux mains des révolutionnaires et aucun train en provenance de Czarskoi Selo n'était autorisé à circuler. Il dut forcément se contenter des nouvelles qu'il pouvait obtenir par téléphone, et bientôt ce moyen de communication avec les personnes susceptibles de le tenir au courant de ce qui se passait fut supprimé.

L'Impératrice, presque folle d'inquiétude, se promenait dans ses appartements, se tordant les mains, et répétant sans cesse qu'elle savait que le tsar avait été tué et qu'on lui cachait la nouvelle. Ce fut avec les plus grandes difficultés qu'on parvint à la convaincre d'envoyer un télégramme au général Roussky, alors supposé loyal, pour s'enquérir de l'empereur. Au bout de deux heures environ, elle reçut une réponse disant que Nicolas II. était en route pour Pskoff et devait y arriver le soir même.

Cela a quelque peu apaisé les inquiétudes de l'Impératrice, et à ce moment-là, l'état de la Grande-Duchesse Olga, qui avait contracté la rougeole sous une forme plus grave que ses sœurs, s'est soudainement aggravé, et on a cru qu'elle était en danger, car une pneumonie s'était déclarée et compliquait son état. Et puis Alexis, qui avait été transféré dans une autre aile du palais dans l'espoir d'échapper à la contagion, tomba à son tour malade, de sorte que la malheureuse tsarine eut une autre inquiétude à combattre, ce qui, après tout, était peut-être la meilleure chose qu'on pût faire. ce qui lui est arrivé, parce que la nécessité de s'occuper de ses enfants l'empêchait de ruminer ce qui arrivait à son mari, ce qu'elle aurait autrement fait tout le temps.

Nous apprîmes ensuite que la Douma avait envoyé deux délégués pour conférer avec le tsar ; nous espérions que de cette conférence quelque chose de bon pourrait résulter, et que Nicolas II. serait incité à réunir un ministère responsable. L'Impératrice elle-même était persuadée qu'il le ferait et remarqua que si le prince Lvoff acceptait le poste de Premier ministre, les choses ne seraient pas si mauvaises, car au fond il était un monarchiste loyal et ne se prêterait à aucune agression contre la personne de son Souverain. Elle paraissait plus joyeuse qu'elle ne l'avait été depuis deux ou trois jours, et se montrait heureuse que ce soit M. Goutchkoff, qu'elle connaissait personnellement et qu'il avait toujours aimé, qui ait été envoyé à Pskoff. « Peut-être, après tout, parviendrons-nous à surmonter cette tempête », remarqua-t-elle, et elle observa en outre que, dans les graves circonstances résultant du cours défavorable de la guerre, il valait peut-être mieux que la seule responsabilité de ce qui allait être le suivi ne reposait pas sur le seul souverain. Ni elle ni aucun d'entre nous n'avaient la moindre idée de ce qui se passait réellement à Pskoff. Vers minuit, je quittai l'Impératrice. On l'avait persuadée de se coucher, la princesse Dondoukoff ayant promis de veiller auprès des enfants et de l'appeler immédiatement si quelque changement survenait dans leur état. Elle était complètement épuisée et nous étions tous heureux de la voir enfin se reposer. J'étais également couché dans une chambre attenante à la chambre de ma maîtresse lorsque vers trois heures du matin je fus réveillé par un léger coup à ma porte. Pensant que l'un des enfants était pire, je me levai aussitôt et allai entendre ce qui s'était passé avant de déranger l'Impératrice. Debout sur le seuil, je trouvai le vieux valet de chambre de la tsarine, au visage pâle et effrayé. Il m'a tiré à l'écart et s'est exclamé d'une voix terrifiée : « Il s'est passé quelque chose de terrible : l'Empereur a abdiqué ! »

"Quoi?" M'écriai-je, n'en croyant pas mes oreilles et enclin à penser que cet homme était devenu fou.

« L'Empereur a abdiqué », répéta-t-il, et aussitôt il se mit à sangloter.

Je me suis laissé tomber sur une chaise et j'ai pensé que la fin du monde était arrivée, et c'était effectivement le cas – d'un certain monde du moins.

"Qui te l'a dit?" J'ai demandé. "Comment en es-tu venu à l'entendre?"

L'homme répondit que le nouveau ministère avait informé par téléphone le commandant de la ville de Tsarskoï Selo que le tsar avait abdiqué en faveur de son frère et que les troupes devaient en être informées immédiatement.

"Comment allons-nous le dire à l'Impératrice?" fut ma première pensée.

Bien entendu, ni mon informateur ni moi ne pouvions entreprendre la pénible tâche de l'informer du nouveau malheur qui l'avait frappée. Nous décidâmes qu'il ne restait plus qu'à avertir le comte Benckendorff et à lui demander d'accomplir cette triste mission. Mais comme nous nous dirigions vers ses appartements, nous le rencontrâmes arrivant dans ceux de l'Impératrice. Il avait également été informé de ce qui s'était passé à Pskoff quelques heures auparavant, et il allait les communiquer à ma malheureuse maîtresse. Je suis revenu et je l'ai excitée. Elle ne dormait pas et se leva aussitôt. Elle s'était toujours préparée à une nouvelle calamité, et lorsqu'on lui a dit que le comte Benckendorff souhaitait lui parler, elle s'est sentie convaincue qu'il voulait lui apprendre que son mari avait été assassiné. En comparaison d'une telle catastrophe, la perte de son trône semblait peu de chose, et peut-être son premier sentiment fut-il celui du soulagement de constater que ses appréhensions étaient sans fondement. Mais ce qu'elle ne parvenait pas à comprendre, c'était que ce n'était pas en faveur de son fils que le tsar avait abdiqué. "Il y a sûrement une erreur. Il est impossible que Niky ait sacrifié les prétentions de notre garçon ! répétait-elle. Mais lorsqu'elle fut enfin obligée de croire que tel avait été le cas, elle poussa une expression de rage qui montrait combien elle méprisait l'homme faible d'esprit auquel elle était liée, et s'écria : « Il pourrait au moins, dans sa frayeur, je me suis souvenu de son fils !

Je pense que ces paroles constituent la condamnation la plus cruelle que soit la lâcheté de Nicolas II. jamais obtenu et mérité.

GRANDE-DUCHESSE ANASTASIA

Comme on peut l'imaginer, aucun de nous ne put dormir après cela. Quand l'aube parut enfin, elle trouva l'Impératrice entièrement habillée, déjà calme et résignée, agenouillée devant les icônes sacrées de son oratoire, et invoquant la protection de Dieu pour ses enfants. Puis elle monta dans la chambre de ses filles et fit part aux deux plus jeunes, qui n'avaient pas encore été atteintes de rougeole, du changement qui s'était opéré dans leur destinée. Les filles étaient stupéfaites, comme on peut facilement l'imaginer, et Anastasia, la plus jeune, se mit à pleurer. L'Impératrice regarda ses larmes puis, d'une voix dure, remarqua : « Il est encore trop tôt pour pleurer ; gardez votre chagrin pour une autre occasion, » et elle sortit de la chambre sans ajouter un mot.

Mais bien qu'on lui ait dit que l'état de son fils était grave, elle ne s'est pas approchée de son lit de malade de toute la journée. Il semblait qu'elle ne pouvait se résoudre à regarder l'enfant dont la venue au monde lui avait été une telle source de joie et qui avait été dépouillé du grand héritage dans lequel il était né. Il était évident pour tous ceux qui la connaissaient bien qu'il lui faudrait un certain temps avant de pouvoir se résoudre à pardonner à son mari le tort qu'il avait fait à leur fils unique, et peut-être qu'elle ne l'aurait jamais pardonné sans tout cela. les autres malheurs qui devaient suivre cette abdication précipitée.

CHAPITRE XIX

COMMENT LA TSARINE A ÉTÉ ARRÊTÉE

QUELQUES jours terribles suivirent celui qui nous avait apporté la nouvelle de l'abdication du tsar. L'Impératrice essaya d'entrer en communication avec lui, mais bien qu'elle parvint à lui parler par fil, il fut dès le premier instant évident que chaque mot était écouté, et elle renonça à toute tentative de conversation confidentielle. Ce qui l'inquiétait, c'était qu'au lieu de retourner à Czarskoi Selo, Nicolas II. avait choisi d'aller à Mohilew. Ma maîtresse, qui avait eu une confiance absolue dans le général Roussky, ne faisait pas confiance au général Alexieïeff, qu'elle considérait comme tout à fait capable de trahir le tsar par ambition. Les événements prouvèrent qu'elle ne s'était pas trompée dans son appréciation du général, et ce qu'elle ne savait pas, mais qu'elle allait apprendre bien plus tard, c'est qu'il avait pratiquement rendu impossible le retour de l'empereur à Tsarskoï Selo et l'avait presque contraint qu'il se rende au quartier général, où il comptait le retenir jusqu'à ce que le gouvernement provisoire de Petrograd ait décidé s'il devait ou non arrêter l'ancien souverain. Nous restions tous dans l'ignorance totale de ce qui se passait au Front et à Petrograd même. La tsarine, le soir du lendemain de l'abdication, alors qu'on savait déjà que le grand-duc Michel avait refusé d'accepter le trône que lui avait cédé son frère, et que personne ne savait ce qui allait se passer ensuite, la tsarine m'a appelé dans sa chambre et m'a demandé d'essayer d'aller à Petrograd et de découvrir ce que les gens pensaient de toute la situation. Elle donna l'ordre qu'un wagon soit mis à ma disposition, car les trains ne circulaient pas régulièrement, mais je refusai, pensant que cela ne ferait qu'attirer l'attention et inviter les rebelles à m'arrêter si quelqu'un d'entre eux me rencontrait. Je me rendis seul et à pied à la gare, où je montai dans le premier train qui partait pour la capitale. Personne ne m'a remarqué et je me suis dirigé tranquillement vers la maison d'un ami qui, je le savais, était probablement bien informé de ce qui se passait. Grande fut ma surprise de constater qu'elle ne se souciait pas du tout de me recevoir, et faillit me faire sortir de son appartement, disant que c'était tout ce que valait sa vie de causer avec un serviteur personnel de l'Impératrice. Elle refusa catégoriquement de répondre à aucune de mes questions, et je dus battre en retraite précipitamment. D'autres personnes que je cherchais faisaient exactement la même chose, et je trouvai toutes mes connaissances faisant écho à l'opinion générale qui, je l'ai découvert, prévalait dans la capitale, selon laquelle c'était la tsarine qui, en trahissant la Russie face aux Allemands, avait été la cause d'une révolution que déploraient tous les membres sensés et raisonnables de la société. Le seul sujet de lamentation était le manque de caractère, comme on l'appelait, du grand-duc Michel, qui, selon l'opinion générale, n'aurait pas dû faire le jeu des révolutionnaires et refuser la succession de son frère. A cette époque, l'idée d'une République, devenue aujourd'hui familière, ne s'était pas encore emparée des esprits, et l'on ne désirait que voir s'établir une monarchie constitutionnelle. Ce qui me consterna tout à fait, ce fut de constater que le bruit s'était répandu que ce refus du Grand-Duc était dû à une intrigue de l'Impératrice, qui avait, m'a-t-on raconté, fait lui transmettre un message au effet, s'il osait accepter le trône, elle se mettrait à la tête d'un mouvement contre lui. L'idée même que ma pauvre maîtresse aurait pu faire une chose pareille était ridicule, mais dans des temps de crise comme celui que nous traversions, on croit aux histoires les plus folles, et dans le cas d'Alexandra Feodorovna, il n'était que trop facile de faire de Petrograd accepter l'idée qu'elle envisageait de faire valoir les droits de son fils, même contre le désir de son mari. Tandis que j'avançais le long de la perspective Nevski, je rencontrai des hommes-sandwichs portant de grandes pancartes avec des inscriptions séditieuses concernant la tsarine, et sur l'un d'eux son emprisonnement immédiat, son procès pour haute trahison et son exécution furent proposés et revendiqués. Les cris de « A bas Alexandra Feodorovna ! » on les entendait partout, et mon cœur se serra en pensant que peut-être ma maîtresse bien-aimée serait victime de la fureur de la foule. Le souvenir de la Révolution française et de Marie-Antoinette, à laquelle l'Impératrice aimait tant se comparer, me revint, et sans attendre de nouvelles nouvelles (que je ne savais où trouver, car personne à Petrograd ne semblait le savoir) je ne sais rien), je retournai à Tsarskoï Selo et, avant de me présenter à la tsarine, je cherchai le comte Benckendorff, à qui je racontai mes expériences dans la capitale. Le comte m'écouta et parut très grave lorsque je lui parlai de l'exaspération, car on ne pouvait guère l'appeler autrement, des éléments brutaux de la population de Petrograd contre Alexandra Feodorovna. Nous avons discuté pendant quelques minutes de la possibilité de la transporter du Palais vers un autre endroit où elle serait relativement en sécurité, mais nous avons abandonné l'idée comme étant irréalisable, parce que, d'une part, l'Impératrice n'aurait jamais consenti à l'abandonner malade. des enfants, et puis, il y avait déjà une surveillance si étroite autour du palais de Tsarskoï Selo et de ses détenus, qu'il aurait été presque impossible à quiconque d'en sortir sans que le fait soit immédiatement signalé au gouvernement révolutionnaire. Il fallait en outre savoir ce que l'Empereur lui-même entendait faire et quels étaient ses projets pour l'avenir. La situation est donc extrêmement grave, mais tout ce qu'on peut faire dans les circonstances actuelles, c'est attendre. Le comte me demanda les noms des serviteurs de la tsarine que je croyais tout à fait dignes de confiance, et j'en mentionnai quelques-uns. Il jugea nécessaire d'établir une sorte de garde secrète autour d'elle, de peur qu'un assassin ne se fraye un chemin jusqu'à ses appartements, et en effet pendant trois jours et trois nuits, il resta lui-même devant sa porte, ne se souciant de confier sa sécurité à personne d'autre. . S'il y a jamais eu un homme fidèle au monde, c'est bien le comte Benckendorff.

Lorsque, après ma conversation avec lui, j'entrai chez ma maîtresse, je la trouvai dans un état d'agitation violente. La nouvelle lui était parvenue que l'impératrice douairière était allée à Mohilev voir son fils, et Alexandra Feodorovna se sentait persuadée que le voyage avait été entrepris dans le but de persuader Nicolas II. se séparer de sa femme. Il était bien inutile de faire remarquer à la princesse affligée qu'une telle chose n'aurait eu aucun motif à l'heure actuelle, alors que le tsar avait démissionné du trône. Elle ne m'écoutait pas, mais pleurait et sanglotait, déclarant que rien au monde ne la séparerait jamais de ses enfants et qu'elle préférait se suicider plutôt que de les abandonner. Elle ne comprenait pas comment son mari, dont elle était si sûre de l'affection, ne lui était pas déjà revenu, d'autant plus que tous ses enfants étaient si dangereusement malades. L'idée que Nicholas n'était plus un agent libre, ou capable de faire ce qu'il voulait, ne lui était pas venue à l'esprit, et quand je lui ai fait remarquer que tel pouvait être le cas, elle n'a pas voulu m'écouter et s'est exclamée : « Qui est-ce ? pourrais-tu oser l'arrêter ? Après tout, il est toujours le tsar.» Elle n'avait pas encore mesuré l'ampleur de la catastrophe qui venait de se produire.

Mais la même nuit, des rumeurs selon lesquelles le gouvernement révolutionnaire avait décidé d'arrêter l'ancien souverain parvinrent à Tsarskoï Selo. Au début, aucun d'entre nous ne les croirait, tellement tout cela paraissait impossible. Mais le comte Benckendorff, qui disposait peut-être de sources d'information que d'autres ne possédaient pas, nous dit que malheureusement la nouvelle n'était que trop vraie et que des délégués avaient été envoyés à Mohilev avec pour instruction de faire prisonnier Nicolas II. Ce qu'ils comptaient faire de lui, il ne pouvait le dire, et d'ailleurs personne ne le savait. La question se posait de savoir comment l'Impératrice serait informée de ce nouveau malheur, et la question n'était pas encore tranchée par le comte, qui souhaitait attendre une confirmation officielle de la rumeur, lorsqu'on l'appela au téléphone et lui dit : que le nouveau commandant du district militaire de Petrograd, le général Korniloff, souhaitait s'entretenir avec lui.

Le général dit au comte Benckendorff qu'il avait été chargé par le nouveau gouvernement de transmettre un certain message à l'impératrice, qu'il affectait d'appeler Alexandra Feodorovna, et qu'il souhaitait la voir immédiatement à ce sujet. A la réponse que Sa Majesté était assise à côté du lit de ses enfants malades et ne pouvait être dérangée, Korniloff déclara qu'il était impératif qu'il exécute sa commission, et qu'à moins que l'Impératrice n'accède à sa demande, il devrait user de force pour obtenir l'admission.

Il ne restait plus qu'à lui demander d'attendre quelques minutes jusqu'à ce que l'on ait communiqué avec la tsarine. Le comte Benckendorff se rendit dans ses appartements et lui communiqua la brève demande du commandant en chef. Elle dit aussitôt qu'elle serait prête dans une demi-heure, et déclara qu'elle était sûre qu'il avait de mauvaises nouvelles à lui annoncer concernant l'Empereur.

« Peut-être qu'ils l'ont tué ! s'écria-t-elle, et alors ils me tueront, et que deviendront ces pauvres enfants ?

Korniloff arriva au Palais accompagné de tous les officiers de son état-major. Il était également escorté par un bataillon d'infanterie, qu'il fit stationner sur la grande place devant le Palais. Reçu par le comte Benckendorff, il fut conduit dans le grand salon où l'Impératrice donnait autrefois audience, et en quelques minutes le Souverain entra dans l'appartement, tout de noir vêtu, sans autres ornements que une rangée de perles autour de son cou. Elle s'inclina avec raideur et, s'étant assise, fit signe au général de faire de même, lui demandant en même temps à quoi elle devait l'honneur de sa visite. Il y avait dans sa voix un ton d'ironie qui, comme on me l'a dit plus tard, a frappé douloureusement tous les auditeurs et a dû offenser le général. Il se leva et dit avec un accent grossier : « Je dois vous prier, Madame, de vous lever et d'écouter avec attention les ordres que je vais vous imposer.

Alexandra Feodorovna leva les yeux avec une surprise muette, mais sans protester, elle se leva de son siège, ce que, d'ailleurs, je n'ai jamais compris comment elle avait pu faire. Korniloff lui fit alors lire un ordre signé de tous les ministres, qui déclarait qu'elle devait se considérer comme en état d'arrestation, qu'il lui était défendu de recevoir ou d'envoyer aucune lettre sans la permission de l'officier chargé du palais de Tsarskoï. Selo, qu'elle ne devait pas se promener seule dans le parc ou le terrain, et qu'elle devait se considérer obligée d'exécuter tout autre ordre qui pourrait lui être donné. Il lui annonça en même temps qu'il s'apprêtait à changer la garde au Palais et qu'elle serait strictement surveillée.

Un silence de mort régnait dans la pièce après ces paroles du vieux soldat. Le comte Benckendorff, qui était présent, eut l'impression que la terre s'était ouverte sous ses pieds, mais il jugea inopportun de dire quoi que ce soit. L'Impératrice baissa simplement la tête, puis demanda à Korniloff de ne pas éloigner les serviteurs de ses enfants tant qu'ils ne seraient pas guéris de leur maladie, et surtout de permettre au marin qui, pendant des années, avait pris soin du petit Alexis, de rester avec lui. Le général dit qu'il n'y avait aucune objection à cela ; puis elle lui tourna simplement le dos et, sans rien dire de plus, quitta la pièce. Korniloff donna alors ses instructions au comte Benckendorff, qui, resté seul avec lui, le supplia de ne pas être renvoyé, déclarant qu'il entendait de toute façon partager le sort de ses maîtres. Le

Commandeur le chargea alors de tous les aménagements intérieurs du Palais, et lui conseilla qu'à l'avenir il devra s'adresser au Trésor public et non à l'administration de la fortune privée de l'ancien Souverain pour obtenir les sommes nécessaires aux dépenses courantes. et il lui demanda d'être aussi économique que possible dans ces dépenses.

L'Impératrice, comme hébétée, se rendit dans sa chambre. Là, je l'attendais. Un seul regard sur son visage suffisait pour me faire comprendre que quelque chose d'absolument terrible s'était produit. Alexandra Feodorovna se jeta à plat ventre sur un canapé posé au pied de son lit, et s'écria entre les sanglots les plus déchirants : « Nous sommes perdus, nous sommes perdus ! Que vont devenir maintenant ces malheureux enfants ; que deviendront-ils ? Et pendant longtemps, elle sanglotait et ne se laissait pas réconforter par ce que je pouvais lui dire.

La nouvelle de l'arrestation de la malheureuse souveraine se répandit comme un éclair dans tout le palais, et, comme si elle eût été frappée par la peste, presque tous ses serviteurs la quittèrent en l'espace de quelques heures. Sur ses six servantes, une seule resta « fidèle à son sel », comme on dit en Orient, et même les femmes qui avaient servi les Grandes Duchesses se hâtèrent de faire leurs bagages et de s'enfuir, malgré le fait que on savait que les jeunes princesses étaient désespérément malades. La princesse Dondoukoff fut enlevée par ordre de Korniloff, et pendant deux jours les enfants malades ne furent soignés que par leur mère et moi. L'Impératrice éprouvait de la manière la plus cruelle qu'on puisse imaginer l'ingratitude des hommes. Si le comte Benckendorff n'avait pas fait préparer ses repas par sa propre cuisinière, elle aurait été exposée à la mort de faim au milieu de toutes les splendeurs de son magnifique palais. Enfin le comte dut s'adresser au gouvernement révolutionnaire, et des domestiques furent envoyés pour remplacer ceux qui nous avaient abandonnés et pour assurer le service régulier des prisonniers. Pendant ces jours terribles, aucun de nous ne savait ce qui était arrivé au tsar, et cette incertitude, comme on peut facilement l'imaginer, ajoutait à la misère et à l'angoisse de sa femme. Enfin, le comte Benckendorff reçut un télégramme du prince Dolgoroukoff (et non Dolgorouky, comme l'ont imprimé les journaux étrangers ; ce sont deux familles distinctes), l'un des serviteurs de Nicolas II, l'informant que le souverain déchu était ramené à Czarskoi Selo, où le gouvernement révolutionnaire avait décidé qu'il serait pour le moment interné.

La nouvelle fut aussitôt communiquée à l'Impératrice et lui fut une consolation dans ses chagrins. Nous tous, les rares qui restaient de la splendide suite des serviteurs d'autrefois, nous demandions à quoi ressemblerait notre maître et nous nous préparions à la tâche pénible de le recevoir, prisonnier d'État, dans le palais où il avait régné. comme un autocrate tout-puissant. C'est par un sombre et morne matin de mars qu'il nous revint. Des ordres stricts avaient été donnés aux soldats composant la garde chargée des portes du Palais de ne pas le traiter différemment d'un colonel (il avait persisté tout au long de son règne à porter les épaulettes de colonel), car il devait désormais être connu. comme Nicolas Alexandrovitsch Romanoff, et bien que nous ayons été informés du fait, nous n'étions pas préparés à ce qui allait suivre, et nous avons été horrifiés de voir, de la fenêtre par laquelle nous regardions, l'officier de service donner l'ordre de saluer Le prince Dolgoroukoff, qui s'assit à côté de l'empereur dans l'automobile qui le ramenait chez lui, avec les honneurs dus à son rang de général, tandis que le souverain déchu était traité comme son inférieur. Le sens de la Révolution ne nous avait jamais été aussi clairement révélé que par cet incident significatif.

En haut de l'escalier du palais, le comte Benckendorff, en grand uniforme, attendait Nicolas II, qu'il reçut avec le même cérémonial qu'au temps où il était encore sur le trône. Ce gentleman au cœur noble a montré en ces jours d'adversité de quelle étoffe il était fait, et a fait tout ce qui était dans les limites de son pouvoir pour expier la négligence et l'ingratitude des autres.

L'Empereur le salua à peine. Il monta les escaliers, faisant deux pas à la fois, vers les appartements de l'Impératrice. Alexandra Feodorovna se tenait sur le seuil, pâle et ravissante, avec sur ses joues une floraison mouvementée qui rappelait la gloire de sa beauté et de sa jeunesse passées. Ni le mari ni la femme ne pouvaient parler alors qu'ils tombaient dans les bras l'un de l'autre.

CHAPITRE XX

LA VIE EN PRISON

CE n'est que le premier jour qui suivit le retour de Nicolas II. à Czarskoi Selo qu'il fut autorisé à voir sa femme sans témoin. Dès le lendemain matin, Korniloff se présenta de nouveau au palais et donna les instructions suivantes aux geôliers (on ne peut guère les appeler autrement) qui devaient veiller sur le monarque déchu et sa famille :

I. L'Empereur ne devait pas être autorisé à communiquer avec son épouse, sauf à l'heure des repas, où bien entendu la conversation ne pouvait aborder que des sujets indifférents. Lorsqu'il voulait rendre visite à ses enfants, avec lesquels il était autorisé à rester aussi longtemps qu'il le souhaitait, l'Impératrice devait quitter la chambre dès qu'il y était entré.

II. Ni le souverain ni son épouse n'étaient autorisés à sortir seuls et sans surveillance dans le parc et le terrain, mais devaient toujours être escortés par un sous-officier et trois soldats armés de fusils.

III. Lorsqu'ils allaient à l'église, ils devaient être conduits à la chapelle privée du palais par la même escorte, et ne pas avoir le droit de converser entre eux.

IV. Chaque fois qu'un de leurs accompagnateurs devait les voir, il devait être minutieusement fouillé par l'officier de service et une femme spécialement désignée à cet effet.

Les jeunes grandes-duchesses, une fois rétablies, ne furent pas soumises au contrôle sévère auquel étaient soumis leurs parents ; ils pouvaient rester avec leurs parents, et surtout avec l'Empereur, autant et aussi longtemps qu'ils le voulaient. Olga utilisait cette permission plus que ses sœurs et passait des heures avec son père, auquel elle était particulièrement attachée. Mais en même temps, une surveillance stricte, bien que moins apparente, était exercée sur leurs actions et il ne leur était pas permis de quitter le terrain du palais pour se rendre dans la ville de Czarskoi Selo, ni même de visiter les nombreux hôpitaux où elles avaient jusqu'alors travaillé comme sœurs de charité.

Aucun des nombreux membres de la famille impériale, qui se trouvaient presque tous à Petrograd, ne manifesta le désir de voir le chef de sa race ; au contraire, dans de nombreux cas, ils se rallièrent à la cause de la Révolution, comme par exemple le grand-duc Cyrill, qui fut le premier à conduire les troupes dont il avait le commandement à la Douma, à prêter allégeance à la nouveau gouvernement. Mais plusieurs membres de l'ancienne maison des souverains malheureux vinrent se mettre à leur disposition, entre autres la vieille Madame Narischkine, la Maîtresse des Robes de l'Impératrice, qui, bien qu'elle n'eût jamais été aimée de celle-ci, lui resta fidèle. jusqu'au bout, et demanda même l'autorisation de l'accompagner en Sibérie, demande qui lui fut refusée par le gouvernement.

Le tsar accepta toutes ces réglementations ennuyeuses avec une totale indifférence. Il faisait de longues promenades avec le comte Benckendorff et le prince Dolgoroukoff, avec lesquels il causait tout le temps avec la plus complète insouciance. Il ne semblait pas du tout gêné par la présence des hommes chargés de l'escorter lors de ces promenades, mais se faisait au contraire un devoir de les remercier lorsqu'ils l'avaient ramené chez lui et d'échanger quelques mots avec eux. Il lisait très régulièrement les journaux et semblait toujours soucieux de savoir ce qui se passait au Front. L'Impératrice, au contraire, refusa absolument de se soumettre aux irritantes restrictions qui lui étaient imposées, et pendant tout le temps qu'elle fut retenue à Czarskoi Selo, ne sortit jamais du palais, ne se souciant pas de se promener sous les yeux vigilants des une escorte. Elle traitait tout le monde avec un mépris total. Lorsque le tsar entrait dans la pièce où elle s'asseyait habituellement avec ses enfants, elle lui faisait une révérence profonde et respectueuse, et quittait aussitôt l'appartement, avant que l'officier de garde ait eu l'occasion de le lui demander. Elle ne s'était jamais remise du fait que Korniloff lui ait ordonné de se lever pendant qu'il lui lisait les ordres du nouveau gouvernement, et plus d'une fois dans ses conversations avec moi elle avait évoqué cette cruelle humiliation, en répétant : « Pouvez-vous imaginer ? ! Il m'a fait lever, moi, l'Impératrice de Russie », et elle n'a pas voulu encourir une seconde fois une semblable humiliation. Bien qu'on lui ait répété à plusieurs reprises que sa santé l'obligeait à être en plein air, surtout lorsque le printemps arrivait, elle n'écoutait aucune remontrance à ce sujet et restait strictement à l'intérieur, ne prenant que des bouffées d'air frais par sa fenêtre qu'elle utilisait. à tenir grande ouverte, et à côté duquel elle s'asseyait pour confectionner des vêtements et des bandages pour les soldats, qu'elle me demandait de transmettre à la Croix-Rouge. Elle n'ouvrait jamais un livre ni ne regardait un journal, et, hormis les travaux d'aiguille, ses seules occupations consistaient à aller à l'église et à donner des leçons à ses plus jeunes enfants. Elle refusa toute sympathie et resta silencieuse et abandonnée dans sa misère jusqu'au jour où on lui annonça qu'elle s'apprêtait à échanger sa prison actuelle contre une autre, bien pire à tous égards.

Quelques jours après celle qui l'avait vue enfermée en captivité, une commission envoyée par le Gouvernement était arrivée à Czarskoi Selo pour demander à l'Impératrice de remettre à sa garde les joyaux de la couronne, ainsi que ses bijoux privés. Elle avait consenti à recevoir les membres de cette commission et leur avait dit qu'en ce qui concerne les joyaux de la couronne, ils n'avaient jamais été sous sa garde et se trouvaient au Palais d'Hiver ; mais ses propres diamants et perles lui appartenaient personnellement et elle n'allait les abandonner que si elle y était contrainte par la force, alors qu'elle protesterait solennellement contre un acte qu'elle considérait comme un vol pur et simple. Son attitude fut si ferme que les commissaires se retirèrent sans avoir rempli leur mission, et ensuite Kérensky, saisi de l'affaire, renonça et laissa ma maîtresse conserver les ornements auxquels elle s'était accrochée avec tant de détermination et d'énergie.

Mais l'argenterie qui ornait la table à manger impériale fut entièrement saisie par le gouvernement, sous prétexte qu'elle était propriété de l'État, jusqu'à ce que Nicolas II finisse par le faire. s'est retrouvé sans fourchette ni couteau pour manger. Finalement, le comte Benckendorff fit un arrangement selon lequel une partie de cet argent confisqué lui serait rachetée et l'argent remis au trésor. Mais comme la fortune privée du tsar avait été confisquée, ce furent les jeunes grandes-duchesses, Olga et Tatiana, qui rachètent ces choses sur leurs propres deniers.

En général, il devenait extrêmement difficile de faire face aux dépenses de la maison impériale, parce que le gouvernement refusait de fournir les moyens nécessaires et que le Trésor se plaignait à chaque demande de fonds du comte Benckendorff. Chaque jour voyait disparaître quelque chose de l'ancien luxe qui avait présidé à l'existence quotidienne du tsar et de sa famille, jusqu'à ce qu'enfin la vie à Czarskoi Selo devienne presque ascétique dans sa simplicité. Les repas ne comprenaient que trois plats, et le favori, le Zakuska, ou condiment par lequel commence chaque dîner ou déjeuner russe, a été supprimé. Le vin disparut complètement de la table, et plusieurs automobiles furent vendues, tandis que les chauffeurs furent licenciés. J'ai même dû prier l'Impératrice de ne pas utiliser autant de linge qu'elle avait l'habitude de le faire autrefois, parce que nous manquions de moyens pour le laver, et ce n'étaient que de petites misères parmi les plus importantes qui nous assaillent.

Parmi les nombreux ennuis et indignités infligés à l'empereur et à l'impératrice, il y avait l'ordre donné par le gouvernement révolutionnaire de ne plus les appeler Votre Majesté, mais de les appeler Colonel et Mme Romanoff. Le tsar le prit avec bonne humeur, ou plutôt avec mépris, mais l'Impératrice fut extrêmement touchée par cette insolence. « Nous avons été couronnés à Moscou, disait-elle, et rien ne peut plus changer cela. Le tsar est toujours le tsar. Personne ne peut lui enlever cette dignité, même s'il y a renoncé de son plein gré.

Bien entendu, lorsque nous étions seuls avec elle, nous nous adressions à elle à l'ancienne. En commençant par le comte Benckendorff et en terminant par le dernier des rares serviteurs qui avaient volontairement choisi de rester au service des anciens souverains, nous avons eu grand soin de ne pas leur faire sentir plus que ce qui pouvait être aidé par le changement qui s'était produit dans leur pays. des destins. Mais lorsqu'un des officiers de garde était présent, c'était plus difficile, car il nous réprimandait tout haut si nous osions parler avec notre maître et notre maîtresse de la manière respectueuse à laquelle nous étions habitués. Le gouvernement était si pointilleux sur le titre accordé à Nicolas II, que tous les journaux qui lui étaient adressés portaient la suscription du colonel Nicolas Alexandrovitsch Romanoff. Et sur les lettres que l'Impératrice recevait, l'appellation de « Sa Majesté l'Impératrice » était supprimée et remplacée par « Alexandra Feodorovna Romanoff ». C'était la répétition de ce qui s'était passé avec Louis XVI. lorsqu'il fut désigné sous le nom de Capet par ses geôliers, et, si étrange que cela puisse paraître, c'était de tous ses malheurs celui qui, au moins extérieurement, semblait le plus affecter la malheureuse impératrice.

Bien entendu, la correspondance était une chose interdite pour nous tous. Les lettres étaient strictement censurées et même le plus petit colis apporté au Palais était examiné deux ou trois fois avant d'être remis à celui à qui il appartenait. Les livres furent également l'objet de soupçons, et enfin l'Impératrice et l'Empereur ordonnèrent qu'on ne leur en envoyât plus de nouveaux, comme on le faisait auparavant.

Bien entendu, toutes ces mesures vexatoires dépendaient pour une large part de la personnalité de l'officier chargé de l'aménagement intérieur et de la garde du Palais. S'il était un homme humain, les choses ne seraient pas si mauvaises, mais s'il appartenait aux rangs des républicains ou des anarchistes enragés, il n'y avait pas un obstacle qu'il ne nous mettait sur le chemin ni un désagrément qu'il ne nous épargnait. Je me souviens d'un de ces derniers qui, un matin alors que j'attendais un colis contenant une blouse neuve de la couturière de l'Impératrice, refusa catégoriquement de le laisser passer jusqu'à ce que j'eusse décroché la doublure pour lui prouver qu'aucune lettre ni message n'avait été caché entre ça et le truc lui-même. Parmi les prisonniers de Czarskoi Selo, ce sont les jeunes grandes-duchesses qui étaient les plus à plaindre. Les filles étaient les choses les plus douces qu'on puisse imaginer, et leurs beaux personnages ressortaient sous un jour splendide pendant cette période difficile où, à un âge où les filles ne connaissent généralement que le côté ensoleillé de la vie, elles durent faire connaissance et devenir actrices dans l'un des les plus grandes tragédies que l'histoire ait jamais eu à raconter. Et pourtant, ils prenaient peut-être mieux que leurs père et mère, peut-être, toute l'ampleur du drame qui se jouait autour d'eux. Olga, en particulier, semblait pressentir que cela ne faisait que commencer et que cela pourrait se terminer dans le sang, tout comme cela avait commencé dans les larmes. C'était une femme intelligente, réfléchie, dotée d'un bon sens considérable, et elle me confiait parfois ses appréhensions sur l'avenir. « Si les Allemands s'approchent de Petrograd, ou si une nouvelle révolution y éclate, disait-elle souvent, nous en serons les premières victimes, et soit la foule, soit le gouvernement nous mettra à mort. »

Tatiana n'était pas aussi résignée que sa sœur. Elle s'insurgeait contre la terrible injustice dont elle était victime, et elle ne comprenait pas comment, après tous les soins qu'elle avait apportés aux soldats blessés et aux misérables réfugiés que son comité avait aidés, ses bonnes intentions avaient été mal comprises, et comment elle avait pu été mise de côté au pied levé et privée de la possibilité de poursuivre le travail auquel elle avait consacré toute son énergie et dans lequel elle avait tant de succès. Elle avait un caractère impétueux, plus proche de celui de sa mère que du tempérament placide de son père, et elle aurait aimé pouvoir exprimer tout haut le mépris qu'elle éprouvait pour tous ceux dont elle était la victime et la prisonnière. Les deux plus jeunes filles du tsar et de la tzarine étaient encore trop occupées à l'école pour pouvoir faire autre chose que s'étonner du changement qui s'était opéré dans leur existence. Ils regardaient tout ce qui se passait avec de grands yeux surpris, et étaient plus disposés à pleurer qu'à tenter de lutter contre un sort qui s'était révélé trop fort pour eux. Ils s'accrochaient à leur mère plus qu'Olga ou Tatiana et ne quittaient guère sa protection. L'Impératrice, qui n'avait jamais été une mère affectueuse dans le sens des caresses, avait changé à cet égard depuis les malheurs qui s'étaient abattus sur elle, et elle serrait désormais ses filles dans ses bras et les serrait contre son sein avec une ardeur passionnée qui rendait les enfants s'exclament que maintenant ils étaient plus heureux qu'ils ne l'avaient jamais été, parce que leur mère les embrassait autant que s'ils avaient été de pauvres petits orphelins, avec une maman ignorant ce que signifie l'étiquette. Cette remarque avait quelque chose de touchant, et je pense que l'Impératrice s'en rendit compte aussi bien que d'autres, car elle se montrait plus affectueuse envers ses filles qu'elle n'en avait l'habitude, et n'était plus absorbée par sa tendresse exclusive pour elle. fils. Elle semblait en effet s'être désintéressée de ce dernier depuis le jour où elle avait compris qu'il n'était plus l'héritier d'un des plus grands trônes du monde.

L'enfant lui-même l'a compris, et c'est peut-être lui qui a le plus souffert des conséquences du changement qui l'avait transformé en un petit garçon ordinaire, après avoir été le personnage le plus important de sa famille. Il s'inquiétait de ce changement, et j'imagine que parfois il éprouvait du ressentiment contre son père et sa mère pour avoir si facilement accepté leur propre dégradation. Il aurait aimé voir son père prendre position contre la Révolution, et au moins refuser de renoncer aux droits de son fils et héritier. Un jour, il trahit un peu ses sentiments en disant au comte Benckendorff que s'il n'avait pas été malade mais avec le tsar au quartier général, comme il l'était généralement, il ne lui aurait jamais permis d'abdiquer. Le comte ne répondit pas, mais j'imagine qu'il regretta que cela n'ait pas été le cas. En effet, à ce jour, je ne comprends pas comment Nicolas II. aurait pu être amené à sacrifier les droits de son fils et à ne pas insister pour que ce dernier soit proclamé empereur à sa place.

Pendant ce temps, les jours s'éternisaient et nous nous demandions tous où tout cela allait nous mener. Le sentiment qu'un changement quelconque allait inévitablement se produire flottait dans l'air, mais personne ne pouvait deviner de quelle nature ce changement devait être. Parfois, la crainte nous saisit que le gouvernement n'emmène le tsar et son épouse dans la forteresse, ce qui aurait signifié qu'ils seraient jugés et peut-être condamnés à des peines terribles pour leurs crimes imaginaires, mais difficiles à pénétrer alors que nous essayions tous de pénétrer. le secret de l'avenir, nous n'y sommes pas parvenus, et lorsque cet avenir nous fut révélé, il surpassa en horreur tout ce que nous avions jamais imaginé ou redouté.

CHAPITRE XXI

EXIL—JE SUIS RENVOYÉ

VERS le milieu de l'été, de vagues rumeurs nous parvenaient selon lesquelles, à la suite de l'agitation qui secouait déjà considérablement le pays, le gouvernement avait décidé de destituer Nicolas II. vers une autre résidence plus sûre que Czarskoi Selo. On craignait que si un mouvement insurrectionnel avait lieu à Petrograd, la foule ne se rende dans l'arrondissement impérial et n'assassine l'ancien tsar. C'était du moins le prétexte avancé par les ministres pour expliquer les raisons qui les avaient portés à mettre à l'écart le malheureux empereur et sa famille. Bien sûr, personne ne les croyait, car il aurait été relativement facile de contrôler la population au cas où elle aurait tenté d'attaquer le palais où étaient enfermés les prisonniers. Et si cela avait paru impossible, il y avait sûrement d'autres endroits que la Sibérie où ils auraient pu être envoyés.

Je ne suis cependant pas ici pour blâmer ou excuser qui que ce soit. Je veux simplement raconter les faits tels que je les ai connus, et rien d'autre. Je vais donc poursuivre mon histoire, qui touche maintenant à sa fin.

C'est au cours d'un après-midi de juillet que nous fûmes convoqués devant le commandant militaire de Czarskoi Selo. J'entends par nous la maison, ou ce qu'il en restait, des souverains déchus. Nous avons été informés que ces derniers étaient sur le point de quitter leur résidence actuelle et que seules quelques personnes seraient autorisées à les accompagner. On me dit que je ne serais pas autorisé à le faire, car ma présence n'était pas jugée nécessaire à l'Impératrice, qui, ironiquement, n'aurait plus besoin de deux servantes, surtout une qui, comme moi, avait des fonctions purement académiques. J'ai plaidé avec acharnement pour être exempté de cette épreuve d'être retiré avec d'autres du service de la gracieuse dame aux côtés de laquelle et au service de laquelle j'étais resté vingt-cinq ans, mais ma demande et mes protestations n'ont pas été prises en compte. On m'a dit de me préparer à quitter le palais à tout moment et d'avoir mes propres affaires et celles appartenant à l'Impératrice emballées et prêtes à être emportées.

Le comte Benckendorff et le prince Dolgoroukoff, qui déclaraient que seule la force pouvait les séparer de leur ancien souverain, et deux dames d'honneur de l'impératrice, la princesse Obolensky et mademoiselle de Butzov, spécialement attachée au service du jeune grand-père. Les duchesses furent autorisées à voyager avec les prisonniers, ainsi que quelques domestiques qui avaient trouvé grâce aux yeux du gouvernement probablement parce qu'ils avaient consenti à prendre sur eux le devoir d'espionner leur maître et leur maîtresse. Mais la suite devait être très limitée, et jusqu'au dernier moment nous restâmes dans l'ignorance quant à la véritable destination de Nicolas II. Le comte Benckendorff était la seule exception à cette mesure et il avait juré de garder le secret.

De retour au Palais, je ne pus m'empêcher de chercher l'Impératrice et de lui raconter tout ce que j'avais entendu. Elle leva les mains au ciel avec l'exclamation : « Ils nous mettront dans la forteresse, puis nous assassineront comme ils l'ont fait pour Louis XVI. » Mais elle ne montra aucune crainte et resta aussi calme et posée que jamais, ne se souciant pas de laisser ses enfants être troublés plus tôt que nécessaire par la nouvelle de ce qui les attendait dans un avenir proche.

Trois jours plus tard, un officier envoyé par le gouvernement demanda à voir les jeunes grandes-duchesses. Il leur communiqua la nouvelle que leurs parents allaient être transportés à Tobolsk en Sibérie et qu'ils étaient entièrement libres de les y accompagner ou de rester à Czarskoi Selo, auquel cas ils seraient autorisés à rester au Palais et à occuper leurs appartements actuels. Les filles n'hésitèrent pas un seul instant et répondirent qu'elles ne songeraient pas à abandonner leur père et leur mère, mais qu'elles les accompagneraient partout où le gouvernement voudrait les envoyer. Il est curieux que personne n'ait songé un seul instant à suggérer de laisser le petit Alexis en Europe, et que l'on n'ait pas pensé au délicat enfant, mais au contraire, on l'a envoyé avec empressement vers un exil qui pourrait facilement le tuer. car il était à peine assez fort pour pouvoir résister à la rigueur du climat terrible auquel il était condamné. Ce n'est qu'après que les grandes-duchesses eurent été appelées à prendre leur décision que le tsar et son épouse furent officiellement informés de leur transfert à Tobolsk. L'endroit est l'un des pires de toute la Sibérie, tant en termes de température que de ressources. Moitié village, moitié ville, sa population est composée d'exilés politiques et de prisonniers, et de Yakoutes, peuple sauvage et nomade, qui passe son temps dans les forêts inexplorées qui entourent la ville, d'où ils sortent de temps en temps pour vendre les fourrures qu'ils vendent. ils se sont rassemblés en hiver. Le thermomètre descend en dessous du point de congélation pendant des mois d'affilée, et dans l'ensemble, c'est l'un des endroits les plus tristes au monde. C'est à cette mort vivante et à cette terrible solitude que devaient être voués l'homme et la femme que le monde avait connus comme l'empereur et l'impératrice de toutes les Russies, ainsi que leurs enfants innocents. La Tour du Temple, où Louis XVI. était confiné, ce n'était pas si horrible que cela.

Et pourtant l'Impératrice accepta la nouvelle sinon avec résignation, du moins avec sang-froid. A vrai dire, elle était lasse de Czarskoi Selo, où tout lui rappelait des temps anciens et plus heureux, et peut-être n'était-elle pas fâchée de changer enfin complètement d'environnement. Elle se déclara prête à partir dès qu'on lui en donnerait l'ordre et s'occupa des préparatifs de son prochain départ comme s'il s'agissait d'une excursion de vacances. La seule chose qu'elle demandait était de voir sa sœur, la grande-duchesse Elisabeth, mais bien que celle-ci fût informée qu'elle pouvait, si elle le désirait, se rendre à Czarskoi Selo, elle refusa de le faire et se contenta d'écrire un très court et très court écrit. note formelle à l'Impératrice, qui ressentait ce manque de cœur bien plus qu'elle ne l'avouait. Ce furent en effet de tristes jours qui précédèrent le triste départ. Aucun d'entre nous n'avait le moindre espoir de revoir un jour les bons maîtres dont nous nous séparions, et les prisonniers eux-mêmes pensaient qu'ils ne reviendraient jamais dans cette Russie qui se comportait si durement à leur égard. Le dernier soir, l'Empereur nous appela et nous remercia de nos fidèles services. Il était pâle mais autrement impassible. Tout cela semblait, à en juger par son apparence, constituer un épisode qui ne le concernait pas. L'Impératrice était agitée, mais aussi résignée, et elle essayait de revêtir une gaieté qu'elle ne ressentait pas. Depuis la Révolution, elle portait toujours des robes noires, mais ce soir-là, elle m'ordonna de lui préparer pour le lendemain un costume bleu foncé. Elle ne voulait pas que les étrangers pensent qu'elle portait le deuil de ses malheurs. Personne ne dormit cette nuit-là au Palais, et quand l'heure du départ sonna, pas un seul œil n'était sec parmi nous. J'obtins la permission d'accompagner ma maîtresse jusqu'à la gare et une partie du trajet. Mon cœur éclatait de désespoir.

Ils ont commencé, cette malheureuse famille, avec un air de courage joyeux, ce voyage capital et terrible. Sans un soupir, la tsarine dit adieu à ce palais qui avait vu sa grandeur et sa chute. Elle était probablement, comme l'avait dit un jour la reine Elizabeth d'Autriche, « morte intérieurement » bien avant ce jour, et plus rien ne pouvait la blesser désormais. Sans une larme, elle monta dans le train, si minable comparé aux voitures somptueuses dans lesquelles elle avait l'habitude de voyager, et elle ne tourna même pas la tête pour regarder en arrière le théâtre de sa splendeur et de sa misère d'antan. Le coup de sifflet retentit, la machine se mit en marche, et avec elle disparut dans l'espace l'autocratie hautaine qui régnait sur la Russie, la Sainte Russie, depuis que Pierre le Grand l'avait organisée en empire, et qui, sans être plus grande, était restée un empire. chose immense jusqu'à ce que la Révolution, avec les erreurs et les fautes de ses représentants, l'ait finalement détruite.

Je n'ai rien à dire de plus. Ce n'est pas un ouvrage politique et j'ai volontairement évité toute mention de mes opinions personnelles sur la catastrophe qui a envoyé mes anciens maîtres dans cette Sibérie qui a déjà été témoin de tant de tragédies. Personnellement, ils ont toujours été gentils avec moi. Je serais une personne ingrate si je ne le reconnaissais pas et si j'oubliais de verser des larmes sur leur sort.